亲子沟通：如何有效地鼓励孩子

潘小辉◎著

中国纺织出版社

图书在版编目（CIP）数据

亲子沟通：如何有效地鼓励孩子 / 潘小辉著 . --
北京：中国纺织出版社，2020.5
ISBN 978-7-5180-4806-9

Ⅰ.①亲… Ⅱ.①潘… Ⅲ.①家庭教育 Ⅳ.①G78

中国版本图书馆CIP数据核字（2018）第 050024 号

责任编辑：张　宏　　责任校对：王蕙莹
责任设计：师卫荣　　责任印制：储志伟

中国纺织出版社出版发行
地址：北京市朝阳区百子湾东里 A407 号楼　邮政编码：100124
销售电话：010 — 67004422　传真：010 — 87155801
http://www.c-textilep.com
官方微博 http://weibo.com/211988771
佳兴达印刷（天津）有限公司印刷　各地新华书店经销
2020 年 5 月第 1 版第 1 次印刷
开本：710×1000　1/16　印张：11.5
字数：159 千字　定价：36.80 元

凡购本书，如有缺页、倒页、脱页，由本社图书营销中心调换

前　言

青春期是孩子人生的黄金季节，它对孩子的影响是不可估量的，家长的教育问题如果处理不好，会带来很严重的后果。在这个阶段，家长用对了方法，可谓是事半功倍，但如果用错了方法，就会让人追悔莫及。

孩子进入青春期后，心理会发生巨大的变化，他们渴望独立，但又不得不依赖父母，这种矛盾的心态，难免会出现很多心理问题，他们需要经历一段非常漫长的时间，通过不断尝试、碰撞，才能逐渐走向成熟。

在人生道路上，我们都知道习惯的重要性，但习惯的养成是有一个关键期的，那就是幼儿园和小学，而到了中学时期，我们只能改变习惯了。所以，家长抓住关键期对孩子进行习惯培养，往往能获得不错的效果，但错过了关键期，家长想要改造孩子的不良习惯就要比培养习惯付出更多的代价。

除了习惯的培养外，家长们最关心的话题恐怕就是孩子的学习了。在学习方面，绝大多数的家长只关心孩子的学习成绩，却忽略了孩子为之努力的过程。孩子学习不好或者考试考砸了，家长们的第一反应大多是责备或打骂孩子，却忽略了孩子的心理。

学习失败了，家长焦虑、难过，孩子的心里其实比家长还要难过、伤心，家长看不到这些，也看不到孩子们的无助感。其实，没有一个孩子不希望自己能学习好，只是他们在学习中遇到了问题，这个才是问题的关键。打骂是最无用的沟通方式，不但不能解决问题，还有可能伤害孩子。

成长期间，孩子难免会遇到各种不顺心的事，由于他们年纪还小，还不能很好地控制住自己的情绪，容易情绪失控，比如，发脾气、抱怨等。当孩子遇到比他们能力强的人时，会妒忌；当孩子看到别人有他没有的东西时，难免会产生攀比心理……孩子有这些心理很正常，但如果不及时调整自己的心态，会让事情变得很糟糕。这个时候，家长的引导就很重要了。

对于孩子来说，除了亲情外，他们也需要友情。无论孩子处于人生中的哪个阶段，都离不开朋友。所以，家长要多鼓励孩子与不同性格的小朋友交往，长大才能更好地与不同的人打交道。在与人相处的过程中，孩子必须要掌握一些交往技巧，这样才能与他人友好相处。

由于孩子的能力有限，在与他人相处时，会发生一些不愉快的事，比如，校园霸凌等。家长最需要警惕的就是校园霸凌，它对孩子造成的伤害很大。为了避免这种事发生，家长需要多关注孩子，一旦孩子有什么变化，就要多与孩子沟通，并为孩子提供可行的意见。必要时，要为孩子出面解决。

很多时候，孩子身上出现的问题，大多与家长不恰当的教育有关。家长明明很爱孩子，很关心他，但表达出来的却是批评和指责，这难免会影响亲子关系。那些"爱之深、恨之切""棍棒底下出孝子"等观点，已深深地影响了每一个家长。

孩子处于青春期，家长要及时改变自己与孩子的沟通方式。在教育孩子时，家长要将说教变为身教，将命令变为商量，将否定变为肯定，将唠叨变为关爱，将管制变为放手。同时，家长无论多忙，都要多陪伴孩子，和孩子一起成长，让孩子感受到父母的爱，会变得很快乐；家长需要多与孩子沟通，读懂孩子的心，才能陪孩子平安度过青春期。

本书从亲子沟通、好习惯、学习、交友、行为、心态、以及青春期出现的诸多问题七个方面，将孩子成长中可能遇到的一些问题，以案列的形式，展示给各位家长，为家长们提供一些参考，以便家长做好亲子沟通，有效地鼓励孩子，更好地教育孩子。

潘小辉

2019 年 3 月

目　录

第 1 章　有效沟通，拉近与孩子的距离

1.1　过度唠叨，是最无效的沟通　2

1.2　疏远父母，不能全怪孩子　6

1.3　尊重孩子的隐私，给他一个自由空间　10

1.4　不要贬低孩子，会伤害孩子　14

1.5　孩子的愿望再小也不能辜负　18

1.6　梦想，应鼓励和引导　22

第 2 章　好习惯，让孩子受益终生

2.1　勤奋，比天赋更重要　28

2.2　学会独立，该放手时要放手　32

2.3　时间管理，让孩子做时间的主人　36

2.4　阅读，藏着孩子的未来　40

2.5　孩子总丢三落四，要及时纠正　44

2.6　做题粗心，如何改掉坏毛病　49

第 3 章　会学习，让孩子更优秀

3.1　偏科，引导孩子全面发展　54

3.2　学习差，帮助孩子寻找原因　59

3.3　考砸了，家长的态度很重要　63

3.4　学习有计划，成绩一定差不了　67

3.5　特长，一定要有自己的强项　71

3.6　报课外班，要看孩子的意愿和状况　75

第 4 章　会处事，让孩子拥有好人缘

4.1　告诉孩子，不要太在意别人的话　80

4.2　鼓励孩子多交友，扩大朋友圈　85

4.3　打架斗殴，该如何控制　89

4.4　校园霸凌，比我们想象的更严重　93

第 5 章　孩子有问题，正确引导很重要

5.1　自卑，帮孩子找回自信　100

5.2　逆反，如何与孩子有效沟通　105

5.3　害怕失败，鼓励孩子多尝试　109

5.4　孩子太自负，帮孩子走出误区　113

5.5　爱说谎，多半是家长的错　117

5.6　爱说脏话，要冷静应对　121

5.7　偷窃，需正确引导　125

第 6 章　调整心态，让孩子快乐成长

6.1　爱发脾气，帮助孩子处理负面情绪　130

6.2　爱抱怨，不要着急提建议　134

6.3　抑郁，难以被察觉的"隐形杀手"　138

6.4　妒忌，如何根除这颗"毒瘤"　143

6.5　攀比心，如何消除　147

第 7 章　读懂孩子的心，陪孩子平安度过青春期

7.1　厌学，往往隐藏着各种问题　152

7.2　离家出走，解开心结最关键　156

7.3　早恋，正面疏导很重要　160

7.4　孩子追星，该如何处理　165

7.5　爱打扮，帮孩子树立正确的审美观　169

7.6　沉迷网络，如何破除孩子的"网瘾"　173

第1章

有效沟通，拉近与孩子的距离

孩子成长过程中，难免会出现各种问题，孩子出现的每一个问题都是有根源的。想要找到这个根源，家长需要从沟通做起。但家长与孩子进行沟通，不应是唠叨和责备，而是应该耐心地听孩子说出自己内心的想法，并给予孩子一些建议，孩子才会听家长的话，这样的沟通才是有效的，才能拉近与孩子的距离。所以，我们要做智慧的家长，这样不仅能减少自己的烦恼，还能让孩子快乐成长。

1.1 过度唠叨,是最无效的沟通

在生活中,很多家长对孩子都是尽心尽力,他们为了孩子,吃苦受累都觉得是一种幸福。可是,遇到孩子的问题,家长们就管不住自己的嘴巴,喜欢唠叨,可是,事实是孩子并不领情。

孩子小的时候,由于他们什么都不会,什么都不懂,家长事事为孩子着想,不停地嘱咐孩子,这并没有什么错。但孩子逐渐长大后,他不再是"小不点"了,已掌握了一些能力,他们想自己尝试做一些事情。

这个时候,家长如果再不厌其烦地唠叨孩子,孩子自然是不愿意听的。所以,过度唠叨有时候是最无效的沟通,对于家长来说,该放手时就要学会放手,要管住自己的嘴巴,不要总唠叨孩子。

每天,妈妈都会唠叨豆豆,这让豆豆感到很烦。早晨上学时,妈妈就开始唠叨豆豆:"水带了没有?上课的时候,要注意听讲,积极回答问题。下课的时候,不要到处乱跑,不要跟小朋友打架,要友好相处。对于不会的问题,要多问问老师……"本来,豆豆挺高兴的,妈妈这么唠叨,让他一下子就没有了心情。每次,妈妈这样唠叨他,他总是回答:"知道了"。

放学后,妈妈又开始唠叨了,问他:"豆豆,今天语文老师留了哪些作业?数学老师留了哪些作业?英语有哪些作业?"等豆豆做作业的时候,妈妈看见他歪着头,弓着背,又开始唠叨:"豆豆,把头抬高,把腰挺直，你看看你离书本这么近，小心近视。"

检查作业的时候，妈妈又说："你看看你这字，写的太潦草了，要把字写工整。"过一会儿，妈妈又说："你看看这道题多简单，你竟然写错了，自己再把题目读一遍，看明白了再做题。抓紧时间写，一会该睡觉了。"

很多家长都喜欢唠叨，明明很爱孩子，但由于过于唠叨，使孩子感到厌烦，不愿意听家长的话。在心理学上，有一个名词叫"超限效应"，它的意思是刺激过多、过强或者作用时间太久，引发人产生一种不耐烦或逆反的心理现象。也就是说，你越是唠叨孩子，你说的话越没有意义。

虽然，唠叨也是家长对孩子的一种爱，但爱的方式不对，就会让孩子感到厌烦。家长过于唠叨，会失去孩子对家长的尊重。家长对孩子反复说一件事，特别考验孩子的耐力，如果孩子的耐力好，就会左耳进右耳出，而孩子的耐力不好，就会叛逆，顶撞家长。

与孩子沟通时，家长要懂得尊重孩子。孩子出现问题，家长们大多按照成人的思维来判断孩子的对错，不停地唠叨孩子，不给孩子说话的机会，如果孩子为自己辩解，家长就会认为孩子狡辩，这样会让孩子失去对家长的信任，他们会将自己封闭起来，不跟家长说任何事。

成成上小学六年级，今年就要准备中考了，每天，妈妈都要唠叨他，他有时候听烦了，就赶紧关上门，但妈妈依然站在门口念叨。

有一次，成成跟同学去了一趟网吧，妈妈知道后，就开始唠叨："咱们家又不是有钱人，供你吃，供你穿，就希望你好好学习，而你却跟同学上网玩去了，咱们啥情况你不知道吗？你不努力学习，将来谁帮你？人家不努力没有关系，因为他家有钱，他父母会给他找好工作，你有啥？还跟别人瞎混！"因为这件事，妈妈念叨了他一个星期。

妈妈非常关心他的学习，希望他能考上重点中学，所以，为他报了补习班，结果他的成绩没有得到提升，反而越补越差。为此，爸爸也劝妈妈，让她别总是唠叨孩子，会给孩子带来压力，但妈妈却认为，不给他压力，他是不会努力的。

爸爸说："你总是让他学习，啥也不让他做，他没有吃过苦，觉得生活是甜的，怎么会知道去努力。"妈妈说："现在说这些有什么用，我只是希望他能努力学习，但他好像越来越不听我的话了。"爸爸问："你跟他沟通过吗？问过他的想法吗？"妈妈说："没有，他能有什么想法，他现在最应该做的就是努力学习，考上重点中学。"

后来，成成变得沉默寡言，每次，妈妈问他在学校的一些情况，他都不说话，这使妈妈很生气，就继续开始唠叨，成成就开始躲她，弄得一家人每天都很不开心。

家长喜欢唠叨，其实是对孩子的不信任，家长的这种不信任会传递给孩子，无形中会增加孩子的压力，使孩子变得越来越不自信。唠叨是一种病，能治好家长唠叨的就是信任孩子。不管孩子做什么，家长都支持孩子，相信孩子会做得好，让孩子去做力所能及的事，他才能成为一个独立自主的人。

好的家长，话不必多，只要获得了孩子的信任，孩子什么事都愿意跟家长分享。如果孩子已到青春期，还能好好跟你说话，那么，说明你的教育是成功的，但绝大多数的家长，通常是不愿意听孩子说话的，他们只喜欢让孩子按照自己的意愿去做。

但是，孩子进入青春期后，他们的自我意识比较强，认为自己已经有能力管好自己的事，家长的唠叨和干扰，在一定程度上，破坏了孩子的自我意识，激发了孩子的逆反心理，使他们对家长的话更加反感。

在这个阶段，孩子逐渐走向成熟，他们渴望独立，但又知道离不开家长的帮助，他们觉得自己拥有很强的自制力，想做成一番事，但他们也知道，自己缺乏知识，需要继续学习和奋斗。

在这种情况下，他们拥有闯荡的特点，也有一种自闭的特点，会将自己的话告诉同龄人，不愿意告诉家长，即使家长的询问和意见是正确的，但由于他们的逆反心理，嘴上也会持反对意见，这其实是孩子正常的心理表现，家长不用过于惊慌。

家长爱唠叨，除了不相信孩子外，再就是寄予孩子过高的期望，还有不懂得倾听，不善于和孩子进行沟通。由于他们不放心孩子，又不知道如何教导孩子，就会不断重复，错误地认为，我多说几次，孩子总会听进去的。

其实，孩子已经逐渐长大，他们对事物有自己的看法，已拥有了一定的独立思考的能力，家长不能总向孩子灌输自己的观点和要求。不耐心听取孩子的意见，就会陷入"家长越唠叨，孩子越不听"的恶性循环。

很多家长都害怕自己一放手，孩子就会变坏。其实，人生并非只有一条路可以走，家长应该放下自己焦虑的情绪，不要不停地唠叨，要有自信，给予孩子足够的信任，用自己的爱和行动去感染孩子，只有家长有了自信和底气，才能给孩子真正的安全感。

即使孩子有一天遭遇失败，或者跌入人生的低谷，也不会因此而一蹶不振。他们之所以还能勇往直前，从跌倒的地方爬起来，来自于家长曾给予他们的那份自信和底气。虽然，唠叨也是一种爱，但跟孩子交流时，家长要多站在孩子的角度着想，管好自己的嘴巴，不要唠叨孩子。有时候，换一种沟通方式，也许更能拉近与孩子之间的距离。

1.2 疏远父母，不能全怪孩子

孩子小的时候，活泼可爱，什么事都喜欢跟家长说，当他们渐渐长大，家长问十句，他才回一句，对于这种情况，很多家长都感到十分苦恼，他们不知道为什么孩子越大，反而和父母的关系越来越疏远。

其实，孩子疏远父母，并不能全怪孩子，也许是家长做错了。当他们还小的时候，我们与孩子日夜黏在一起，他们找不到家长，就会嚎啕大哭，谁哄都不行，当孩子学走路、牙牙学语时，我们都陪在孩子的身边，鼓励他，耐心地教导他，为他的每一次成功而欣喜不已。

但是，当孩子渐渐长大，他放学回来，想跟你聊聊学校发生的趣事，而你只顾着工作或做饭，让孩子自己去玩；当你辅导孩子写作业，教了几遍，孩子还是不会，你就开始变得不耐心，数落孩子；当他数学测试考了100分，兴高采烈地拿着卷子给你看，而你只顾着低头看手机，头也不抬地夸一句"真棒！"也许，你低着头，看不到孩子那失落的眼神。当好不容易等你有时间了，孩子想让你给他讲故事，陪他玩，结果，你却选择追剧玩手机。在无数次的等待中，孩子渐渐由期待变成了失望，他们不再缠着你了，不再期待你陪他们聊天玩耍。当他们长大后，你却发现，孩子疏远了你，其实，你却不知道，自己才是那个罪魁祸首！

有很多年没有去表姐家里，趁着假期，我带着孩子去了表姐家。正巧碰到她的孩子小涛从寄宿学校回来,小涛今年上初中了。在我印象中,小涛还是个小孩子,如今已长大了,一米七几的大个子,他看见我,很客气地跟我打了声招呼,然后就出门去了。

小涛出去后,表姐不禁感慨道:"孩子长得真快啊,一不注意就长大了。"听了表姐这番话,我也应声道:"是啊,我还记得几年前来你家时,小涛每次都黏着你。"表姐对我说:"哎,别提了,现在小涛跟我们的关系不如以前了,以前,他常常缠着我们,让我们陪他玩,现在什么事情都放在心里,从不主动跟我们聊天,即使我们问他什么事情,他也只是说几句,然后,就把自己关在屋子里。"

小时候,喜欢黏人的孩子,长大了,可能会与父母渐渐疏远。因为孩子越黏人,越需要父母的陪伴。有些孩子小时候,特别喜欢黏人,比如,动不动就喜欢让人抱着,做什么都离不开父母,父母一不在身边,就很慌张,开始哭闹起来。

家长们大多不理解孩子,他们觉得孩子比较娇气。其实,孩子喜欢黏人,是因为缺乏安全感。他们还小,对这个世界了解不多,只有家长可以依靠,所以才会不想离开爸爸妈妈。对于黏人的孩子,家长应该多陪陪他们,给予孩子足够的安全感。

然而,对于黏人的孩子,很多家长都没有足够多的耐心。当妈妈忙着做饭、干活时,孩子在一旁要求抱抱时,妈妈通常都是置之不理,而爸爸辛苦了一天,下班回到家,孩子要求爸爸讲故事,爸爸却推开了他。这种情景每天都在上演,有的家长是因为忙而无暇顾及,而有些家长却认为孩子喜欢黏人,太软弱,所以故意不理睬他。

实际上,家长这样做,只会推开孩子,导致孩子长大后,与父母的关系越来越疏远,尤其是那些黏人的孩子,如果没有得到父母的及时响应,日后很难与父母建立亲密关系。所以,为了避免这种现象的发生,不管家长有多忙,只要孩子有需求,就要好好陪陪他,从小建立一个良好的亲子关系。

此外，家长在监督孩子学习时，也不要放弃学习，与孩子共同成长，成为孩子的良师益友，这样才能避免孩子长大后与父母变得疏远。

朋友兰兰来找我玩，看得出她有心事，我便问她："你是不是有心事？"朋友就跟我倾诉，她的女儿12岁了，最近跟她聊天，她总是摇头或点头，从没有痛快地说句话。有时候，想了解她的学习情况，女儿就嫌她烦，甚至有时候，女儿自己呆在房间里不出来，到了吃饭时候，也不出来，也不跟她们说话，这让她很焦虑，不知道该怎么办。

我询问朋友："这种情况有多长时间了，孩子以前也这样吗？"朋友告诉我，这种情况已有近一年了，以前，女儿经常会跟她谈谈自己的学习情况。我接着问朋友："你跟女儿交流的时候，只谈学习，还聊过其他话题吗？"

朋友告诉我，平时她和孩子的爸爸工作都比较忙，很少和女儿聊天，不过，在学习方面，女儿比较自觉，她几乎都没有操心过，而且她认为，孩子除了学习，还能有什么事情。她对我说："我们希望女儿将来能考上好的大学，所以对她的学习要求比较严格，每门考试都不能低于90分，只要考第一名，就会奖励她。"

然后，我就问朋友："那你女儿的学习成绩怎么样？在学校，跟同学的关系如何？"朋友告诉我，曾经，她跟老师沟通过，老师告诉她，女儿在学校很少跟同学一起玩，也不主动参加学校的课外活动。不过，她的学习成绩还不错，在班里总是前几名。

然后，朋友又告诉我，女儿从小是奶奶带的，直到上小学，朋友才跟孩子住在一起，孩子性格有些内向，见到人比较怕羞。我了解情况后，给朋友提了个建议。在与孩子聊天时，不能只谈学习，这样会让孩子的话越来越少。因为孩子会认为，父母只关心她的学习，对其他方面是不关心的。

其实，孩子也需要家长的赞扬、鼓励和肯定，不能总提要求和下任务。要学会和孩子做朋友，当孩子有问题时，要耐心帮她分析问题，并解决问题。除此之外，要多带孩子出去玩，或带孩子到别人家玩，孩子慢慢就会变得开朗些，也会与你聊天，说说自己的心里话。

朋友听完我的建议，开心起来，她说："看来，我以前忽视了女儿的心理需求，使她的话越来越少，其实，我们很爱她的。"

很多家长都认为，让孩子吃饱穿暖，监督好孩子的学习就可以了，但他们却忽略了孩子的心理需求。孩子越长大，跟家长越没有话可聊，很可能是父母太严厉，使孩子性格有些内向、自卑等，或者是家长不够关心孩子，不了解孩子，使孩子的需求没有得到满足，使他们不愿说话或不敢说话。所以，当孩子出现问题，家长就要审视和反思自己，采取正确的解决办法。

如果孩子与父母从小关系比较好，到小学后，亲子关系慢慢疏远，大多是家长对孩子提出的要求过于苛刻，孩子做不到，家长就经常贬低或批评孩子，孩子长期压抑自己，就会疏远父母。

另外，家长过于溺爱孩子，凡事都顺着孩子，没有要求和规矩，孩子就不会尊重父母，一旦家长无法满足他的无理要求，他就会与家长对抗，疏远家长。当孩子进入青春期时，多少会疏远家长，因为他们需要独立，不希望家长处处照顾他们，这个时候，家长就要给孩子空间，让孩子自己去成长。

想要拉近与孩子之间的距离，家长就要学会信任和欣赏孩子，多花时间陪伴孩子，多与孩子进行沟通，给予孩子成长的空间和自由，孩子长大一定会感谢你，不会与你渐渐疏远，反而会更加亲密。

1.3　尊重孩子的隐私，给他一个自由空间

很多家长认为，只有成年人才有隐私，觉得孩子没有这个特权，但事实是，隐私与年龄一点关系也没有。无论是成年人，还是孩子，都有自己的隐私。随着孩子渐渐长大，他们的秘密和隐私也越来越多，通常会用日记或书信的方式，来表达自己的情感，不愿意与他人分享自己的秘密。

父母作为孩子最信赖的人，如果不尊重孩子的隐私，常常在他人面前暴露孩子的丑事，逗得他人哈哈大笑，孩子就会因此变得失落、沮丧。其实，家长的这种做法在无形中已深深地伤害了孩子。

通过微信群，原本不熟悉的家长们变成了亲密朋友，他们在群里经常聊天，知道很多孩子在学校的秘密。有一次，某位家长对其他家长说，小伟10岁的时候，还尿床呢，家长们听了，都乐开了花。这个秘密很快就传到了小伟的耳朵里，他羞愤难当，放学回家，他就质问妈妈。

妈妈开始觉得很意外，想了很久，才想起来，前段时间，微信群里，大家都在讨论孩子的生活习惯，妈妈在微信群里，无意中说了这件事。但是她没想到，这件事让小伟知道了。而小伟知道是妈妈说的，非常生气，对妈妈嚷道："你以后不许再对别人说我的隐私！"

同学间，很多人都知道这件事，他们常常拿这件事来说小伟，使小伟很长时间在同学中抬不起头。

在孩子成长过程中，总有一些不愿意让人知道的秘密。也许在他们看来，有些事很有趣，但在家长看来，会很无趣；在他们眼里觉得是很平常的事，却常常会被家长们过度渲染。如果孩子做每件事，说每句话，都有一双双眼睛在监视，很多人在评论，他们哪里还有自由可言？又如何能自由自在地成长呢？

家长关心孩子，想了解孩子的学习、生活情况，这无可厚非。为了加强联系，家长建立微信群，这也很正常，但凡事都要有一个度。首先，家长不能将孩子的隐私告诉他人，这是对孩子的一种尊重，尤其是青春期的孩子，他们很爱面子。

其次，家长不要过于细致地打探孩子在学校的情况，比如，孩子每天做了什么，说了什么，有没有被老师表扬或者批评等，这些其实并不重要。重要的是，你要让孩子知道，不管发生了什么事，你都爱他，所以，家长要控制自己，给孩子一个自由成长的空间。

同时，孩子出于对家长的信任，也许会讲一些同学的奇闻轶事，家长要珍惜，不要将这些秘密告诉他人，以免伤害了别人家的孩子，也辜负了孩子对你的信任。如果家长真正爱孩子，就要给孩子一个成长的空间，不要过多地卷入孩子的世界，不要以"爱"和"关心"的名义，对孩子进行变相绑架。

有一天，妈妈在信箱里发现一封信，这封信是写给女儿的。信上没有贴邮票，妈妈猜这封信应该是直接投进去的。

女儿14岁了，收到这样一封信，妈妈感到很好奇，本来想打开信封，看一下里面的内容，但最后她还是没有打开。女儿放学回来，妈妈将信给了她。女儿拿到信后，看了一下，眼中明显露出一丝惊慌，妈妈把这一切都看在眼里，但她并没有问女儿怎么回事。

女儿拿着信跑进自己的房间，过了一会儿，女儿出来了，她将信递给了妈妈："妈妈，您看看这封信。"妈妈接过信，一页一页地翻看。妈妈看完信后，女儿就告诉妈妈，写信的男孩喜欢她，但被她拒绝了，希望妈妈妈放心，自己会好好学习的。听了女儿的话，妈妈松了一口气，同时，庆幸自己没有私自打开女儿的信件。

每个人都有自己的隐私，都有不愿意同他人分享的秘密。当孩子渐渐长大，会出现很多问题，也会有属于自己的秘密与隐私。这时候，很多家长都可能会担心，害怕孩子学坏，害怕孩子早恋，害怕孩子有不健康的行为等。

但是不管怎么样，家长都应该尊重孩子的隐私，孩子不愿意公开的东西，家长最好不要去探究，否则会事与愿违。倘若家长能够尊重孩子，他们还是非常愿意与家长分享一些秘密的。

琪琪是一名初中生，她有一个小柜子，里面放着自己的东西，钥匙总是藏起来。有一次，妈妈发现女儿的钥匙放在桌子上，本来想打开柜子，看看女儿究竟藏了什么秘密，但被爸爸制止了，他对妈妈说："你这样做会让女儿不高兴的。"

第二天，早上，琪琪生气地说："你们偷看了我的东西！"妈妈说："我没有看！"女儿说："我在钥匙上放了一根头发，怎么不见了？"妈妈觉得自己很庆幸，幸亏没有看。琪琪发开柜子，发现里面的东西没有被人动过，便道歉道："对不起，我冤枉你们了。"

妈妈没有沉住气，对女儿惭愧地说："我本来是想看的，但你爸没有让我看。"女儿说："只要你们看了，我就能发现，我所有的东西都做了标记"。听了女儿的话，妈妈大吃一惊，她没想到女儿一直防着他们。

进入青春期的孩子，都喜欢把自己的东西锁在抽屉里，不想被人看到。这是很正常的一种行为，说明孩子已有了很强的独立意识和自尊意识，他已有属于自己的秘密，不像小时候那样，什么话都愿意告诉家长。他们有了自己的隐私，不希望任何人随意进入自己的内心世界。

当孩子渐渐长大，他们有了自己的一些秘密，这些秘密都会被写入日记中。有些家长以关心为由，常常想法设法翻看孩子的日记，想知道孩子的秘密，却不知，家长的这些做法让孩子很反感。

每个人都需要有自己私人的时间和空间，孩子也一样，所以，我们应该尊重孩子的隐私，没有经过孩子的允许，不要轻易去动孩子抽屉上的锁。因为抽屉里珍藏着孩子的"秘密"。如果家长没有得到孩子的同意，强行打开，一旦孩子发现家长的这种行为，他们的心就会永远对你紧闭。

所以，家长不能偷听孩子的谈话，不要偷看孩子的信和日记，跟踪孩子，甚至采用各种手段来窥视孩子，这样只会让彼此间的距离越来越远，甚至产生难以挽回的后果。作为家长，应该多与孩子沟通，了解孩子内心的想法，帮助孩子解决他们的烦恼，给他们一个自由空间。

1.4 不要贬低孩子，会伤害孩子

家长们大多都习惯于自谦，喜欢在他人面前"贬低"自己的孩子，从表面上来看，这是家长比较谦虚的做法，但实际上，会抹杀孩子身上的优点，给孩子带来精神上的"软暴力"。要知道，好孩子都是夸出来的，每个孩子都希望得到家长实事求是的表扬。

尤其是在他人面前，家长表扬孩子，是对孩子的一种肯定，无形中会增强孩子的自信，使孩子朝着好的方向成长与发展。虽然，孩子的年龄不大，但他们也有自尊，所以，家长在他人面前评价自己的孩子，不能因为"自谦"而无视孩子的自尊，使孩子受到伤害。

天天是一个活泼、聪明的孩子，妈妈从小就教他背唐诗，所以他会背很多首唐诗，他的学习成绩也非常好，常常得到老师的表扬。但是，天天仍然感到不开心，因为无论他有多么优秀，总得不到妈妈的肯定，甚至有时候，常常被妈妈贬低。

有一次，学校举行了一场英语演讲比赛，在这次比赛中，天天表现的很出色，获得了二等奖，当他兴高采烈地跑回家，想将自己刚得到的二等奖奖杯拿给妈妈看时，却没有得到妈妈的夸奖，妈妈只是冷冷地说："你只得了二等奖，又不是一等奖，有啥值得高兴的。"听了妈妈的话，天天顿时感到一丝凉意，他失落地将奖杯放到衣柜的最底层，再也不想看到这个奖杯了。

后来，班里进行一次考试，天天最拿手的数学，这次没有考好，才考了 70 多分，他的心情本来就很低落，原以为妈妈会安慰他，但妈妈看了他的卷子后，不停地数落他："你怎么考这么一点，你以前不是挺厉害的吗？怎么越学越笨了，真是猪脑子！"

妈妈的话就像一把刀子，刺伤了天天的心，他很难过，他不明白，为什么别人的妈妈都是那么和蔼可亲，而自己的妈妈却这样对待自己，想到这些，天天就哭了起来。从那以后，天天就对学习没有了兴趣，做什么都提不起精神来，经常在课堂上发呆。

在生活中，很多家长很少夸奖自己的孩子，或说一些鼓励孩子的话，他们习惯于贬低自己的孩子，他们之所以这样做，主要是怕赞美的话语让孩子骄傲自满。为了让孩子拥有谦虚的学习态度，他们不断在孩子身上寻找缺点，挑孩子的各种毛病。他们认为，孩子身上的优点即使不说出来，也是优点，但缺点如果不指出来，就是对孩子不负责任。

但是，家长这样做，不利于孩子的成长，反而会阻碍孩子的发展。家长贬低孩子，会让孩子看不到自己的优点，觉得自己一无是处，什么都不会，会变得自卑起来。如果家长经常贬低孩子，在家长这种消极的心理暗示下，孩子会越来越没有自信，自尊心也会受到伤害，使孩子产生一系列的心理问题，严重影响孩子的健康成长。

实际上，家长贬低孩子，这是对孩子精神上的一种惩罚，这种惩罚对孩子的伤害无疑是最严重的。所以，家长不能寄予孩子太高的期望，要适当降低要求，少看孩子的缺点，多看到孩子的优点，善于用积极的语言去鼓励孩子。

尤其是不要在他人面前贬低自己的孩子，虽然，家长们觉得这是一种"谦虚"，心里是知道自己的孩子最好，但习惯在他人面前贬低孩子，对孩子的伤害是最大的。所以，为了孩子能够健康发展，快乐地成长，家长最好不要当着别人的面贬低自己的孩子。

有一天，妈妈带着轩轩去公园玩。在公园里，妈妈遇到了好朋友王阿姨，王阿姨也带着自己的女儿菲菲出来玩。

于是，他们两个坐在木椅上聊天，两个妈妈聊着聊着，就把话题谈到了孩子身上。原来这两个孩子都是四年级的小学生。出于礼貌，王阿姨让女儿菲菲背了一首诗，菲菲是一个活泼、开朗的孩子，她很开心地就背了一首诗，轩轩妈妈听了，直夸奖菲菲，说菲菲背得真好。

后来，王阿姨也让轩轩背一首，轩轩也非常流畅地背了一首，但妈妈出于客套，谦虚地说轩轩没有菲菲背得好。张阿姨想让轩轩再背一首，轩轩不高兴了，扭过头去，也不说话。妈妈看到轩轩不高兴了，知道自己刚才说的话，伤害了轩轩的自尊心。

于是，妈妈轻轻地拍了一下轩轩的肩膀，对王阿姨说："我家轩轩会背很多首古诗，连老师都经常在班里夸奖他呢，轩轩，来给王阿姨再背几首诗"，轩轩这才扭过头来，背了三首诗。

由此不难看出，当着别人的面贬低孩子，不是一个明智的选择。虽然，孩子年纪不大，但他们有很强的自尊心，这个年龄段的孩子，自尊心都比较柔弱，需要家长去呵护和赞美，如果家长在别人面前经常夸奖孩子，鼓励孩子，对孩子的成长是极为有利的。

由于孩子的年纪还小，自我约束能力比较差，大多都没有形成良好的行为习惯和学习习惯，因此，他们可能会做错事，或者表现得不能让家长满意，这都是很正常的。当孩子表现得不好时，家长不能再数落孩子，使孩子更加难过，而是要鼓励孩子，用爱去感化孩子。

同时，家长不要严格要求孩子，要适当放松对孩子的要求，比如，孩子一次成绩没有考好，家长要学会理智，帮孩子分析考试没考好的原因，再帮孩子找到补救的办法，千万不要将失望表现出来，贬低孩子，因一次失败而否定孩子。

小伟上小学五年级，他是一个比较顽皮的孩子。上课时，他特别喜欢捣乱。有一次，他拿着钢笔，将坐在前排的女孩的衣服染黑了，那个女孩知道后，气哭了，把这件事告诉了老师，老师知道后，也很生气，就打电话告诉小伟的妈妈，让她来学校一趟。

妈妈去老师的办公室时，小伟就在老师办公室的门口等着，他知道妈妈一会出来，一定会像以前那样数落他，说他是一个"惹事精"，他本来是做好被妈妈批评的准备了。但妈妈从老师办公室出来后，并没有像以前那样贬低他，而是表扬了他。

她对小伟说："儿子，老师今天狠狠地表扬了你，说你前几天拿虫子吓唬女生，现在你有进步了，上课能专心听老师讲课了，妈妈感到很高兴！"小伟心理很明白，老师并没有表扬自己。

虽然，妈妈对他撒了一个善意的谎言，但他很感动，因为他感受到了妈妈的关爱。他决定以后上课不再搞乱了。从那以后，小伟真的没有在上课时搞乱过，而是专心听老师讲课，他的学习成绩进步了不少，还受到了老师的表扬。

家长贬低孩子，会严重影响孩子的身心健康，伤害孩子的自尊心，对孩子的健康成长极为不利。当孩子犯错时，家长如果能管住自己的嘴巴，少批评孩子，用爱心去感化孩子，不仅保护了孩子的自尊心，还会使孩子改正错误。因此，不管孩子做了什么，家长都不能轻易贬低孩子，要尊重孩子，只有这样，孩子才会越来越自信、乐观。

1.5 孩子的愿望再小也不能辜负

在孩子成长过程中，他们会有这样或那样的小愿望，这些愿望都像唾手可得的果实，但为什么有些家长会拒绝孩子的愿望呢？因为他们怕孩子轻易得到满足，不能学会等待，没有足够的耐心。

然而，对于孩子的愿望，关键不在于满足或不满足，而在于家长是是否给了孩子足够的爱和信任，在这个基础上，适当地满足孩子小小的愿望，会让孩子逐渐学会自我管理，并从中获得满足感。

如何满足孩子的需求，其实是有学问的，对于孩子的物质要求，只要所需之物是必需品，是可以立即满足的，如果孩子的需求不是急需的，也可以适当延迟满足。

当然，对于孩子不合理的要求，家长也不能满足，即使孩子因需求得不到满足而伤心难过，家长也不能心软答应。因为一味地满足孩子不合理的要求，会助长孩子的虚荣心，不利于孩子的健康成长。

如果孩子的需求是精神方面的，家长就要及时满足孩子。当然，孩子绝大多数的愿望都是比较单纯的，作为家长，只要孩子的愿望是美好的、合理的，应该满足他的小愿望，而孩子也会因为这个小愿望得到满足而倍感幸福。

小丽上初中时，有一年特别流行穿牛仔短裤，很多人都穿，小丽和妈妈也各买了一条，穿在身上，再搭配一件T恤，非常好看。但是，爸爸看见后，不允许小丽这样穿，他认为，女孩子就应该有女孩的样子。

女孩子就应该穿连衣裙、长裤和短袖衬衫，但小丽不喜欢，她觉得这种穿着很土，即使她不愿意，但也只能听从爸爸的话。高考填志愿时，爸爸妈妈都希望小丽填近一点的城市，但小丽死活不同意。

因为在爸爸妈妈的眼皮底下，她有那么多小愿望，都被他们活活掐灭了。现在，她长大了，终于可以选择了，怎么也要选择一个离父母远一点的地方，才能弥补她那些年的遗憾。上大学后，小丽穿牛仔短裤、T恤，打耳孔，吃麻辣烫，一切父母反对的东西，她都要做。

冬天，很多人都穿上了毛裤，而她只穿一件打底裤，再穿一件牛仔短裤，别人一般都打一对耳孔，而她打了三对耳孔。第一年，她几乎天天吃麻辣烫，直到有一天，她的胃突然疼了，才不敢再吃麻辣烫。对此，大学室友们都说，从没见过这么爱吃麻辣烫的，但小丽没有告诉她们，她之所以这么爱吃麻辣烫，是因为爸爸从小就不让她吃。

很多家长都认为，自己已经尽力去满足孩子的愿望了，逢年过节，每次都会给孩子买新衣服，平时，有吃不完的零食，遇到喜欢的玩具，也会给孩子买，但家长满足的是孩子真正喜欢的，还是自己认可的？

在生活中，不管孩子选择什么样的东西，家长都会以自己的眼光去衡量，他们认为哪个东西不好，就会对孩子举出很多不好的理由，但孩子怎么会懂得那么多理由，他们只知道，只要自己不喜欢的东西，就是不好的。

即使家长花了很多钱，买了很多东西，如果不是孩子想要的，孩子也不会领情，反而会很受伤，他们会认为，家长不疼自己，不满足自己小小的心愿。对于孩子来说，他们最初要什么，只是一个简单的想法，但如果得不到满足，这个简单的想法就会变成孩子的愿望。

随着时间的不断流逝，孩子的愿望越来越强烈。当他有了足够的能力去实现这些小愿望时，它就永远地成为了孩子的伤痛。因为很多人等自己长大后，再买那个东西，已不是在满足自己的心愿，而是弥补小时候那份得不到的伤痛。

对于孩子来说，家长买再多的东西，也抵不上他喜欢的那一件。无论是物质方面，还是精神方面，只要孩子的愿望是合理的，家长可以尽可能地满足孩子。不过，满足也是讲究方式的，那就是只要孩子喜欢，就满足他好了，不要以你的标准去看待她选择的东西，使孩子的愿望得不到满足。

对于孩子来说，小时候的那些愿望，如果没有得到满足，日后都会成为他们的伤痛。为了避免这些伤痛，家长要懂得倾听孩子的想法，尊重孩子的选择，即使什么都不缺，也不是不能买，同时也并非什么都要买，只要他们喜欢，就尽可能地满足他们的需求。

在国外，有一位爸爸设计了一个蘑菇屋，获得英国年度最佳房屋建筑的冠军，在公开的电视节目上，这位爸爸获得 2 万多张选票，而他做的这一切，都是因为自己的女儿。

女儿 12 岁了，她最大的心愿就是希望自己拥有一个像蘑菇一样的房子。于是，她将这个愿望告诉了爸爸，并将自己攒的钱给了爸爸，大约 500 英镑。为了满足女儿的愿望，爸爸想了很多办法，他从蘑菇那里找灵感，和朋友一起搭建一个小屋，这个屋有两层，屋内还有活动门和秋千。

在房间里，爸爸摆放了一些有趣的东西，比如，游戏机、鼓等，还摆放了一些自己发明的物品，比如，一个装有抽气泵的床。爸爸表示建造好这个蘑菇小屋后，女儿就能在这里避暑了。

由于女儿想要一个像蘑菇一样的房子，他就设计出了这个很特别的小木屋，这次能获得奖项，爸爸和女儿都感到很开心。

在孩子小的时候，无论他有什么愿望，家长都应该尽力去满足他，如果在婴儿时期，家长没有做到这一点，那么就尽早地在幼儿期弥补，这样到儿童期、青春期，孩子大多不会因为愿望得不到满足而产生各种问题。

然而，很多家长认为，如果什么都满足他，是对孩子的一种过度保护，使孩子依赖性过强，不能自立。其实，家长从不拒绝孩子的要求，并不会使孩子产生依赖，不能自立，更不会因为受到过度保护，孩子就不能健康地成长。

过度保护是指只要孩子想要的，就按照他希望的满足他，并达到过度满足的程度。而我们所说的是按照孩子希望的满足他，实际上，满足孩子的愿望满足到过度，这是很难做到的，所以，过度保护也是不可能存在的。

在生活中，很多家长都会拒绝或无视孩子的愿望，他们对孩子的关注度不够，只是用钱来满足孩子，这种情况很普遍。其实，孩子的愿望得到满足，是不可能进一步提出要求的。但如果家长不满足孩子的愿望，孩子反而会坚持自己的要求。

一般来说，家长给予孩子足够的心灵满足感，他们都比较听家长的话，而且在需要的时候，他们能够很顺利地学会自立。也就是说，家长充分满足孩子的愿望，就是培养他的自立。

在孩子成长过程中，他们拥有很多愿望，或大或小，各种各样，甚至有时候会超出我们的想象，出乎我们的意料，让我们感动。每个孩子的愿望都值得被尊重，他们的期许都有意义。作为家长，无论孩子的愿望有多小，都不能辜负。

1.6 梦想，应鼓励和引导

一个心中怀有梦想的孩子，会有很强的求知欲，会更好地规划自己的未来，更容易坚持做自己喜欢的事，对生活也会拥有极大的热情。但令人遗憾的是，绝大多数的孩子长大后，都是没有梦想的，就算极少数孩子有梦想，大多也是迎合家长的想法，或者选择当今最热门的专业。

一个孩子如果没有梦想，是不可能对生活充满激情和热爱的。其实，孩子在小的时候是有梦想的，但家长认为孩子的梦想离现实过于遥远，不相信孩子能做到，或者认为孩子的梦想太平庸，没有出息，打压孩子，折断了孩子梦想的翅膀。

他们在折断孩子梦想的翅膀时，大多认为自己这样做是为孩子着想，但他们却不知道，这样做只会毁了孩子的一生，后果甚至比想象的更加严重。其实，再平凡的梦想，都应该得到呵护，在孩子成长过程中，他们的梦想可能是多变的，但他们只要能够说出自己的梦想，极有可能是他潜能的一种展示，家长只要足够细心，就能发现孩子天赋异禀的一面。

放暑假了，沐沐可高兴了，他可以痛痛快快地玩了。最近，沐沐可喜欢看武打片了，只要电影是由成龙、甄子丹、李小龙主演的，他都要看很多遍。沐沐之所以爱上看武打电影，是因为他有一个伟大的梦想，希望自己长大后，能成为像成龙那样的武打明星。

有一次，沐沐正在看李小龙演的一部电影，当他看到演员在电视中挥动着双节棍，觉得很帅，不住地叫好，还情不自禁地站起来模仿他们的动作。正在睡午觉的爸爸被沐沐的声音吵醒了，看见他，便问："你在做什么呢？"

沐沐说："爸爸，我正在舞双截棍呢？你看，我模仿得好不好？我长大后想成为李小龙那样的武打巨星，让全世界都知道有我这个武打巨星……"爸爸却对他说："你就别做梦了，你连书都读不好，还想当武打巨星？"爸爸的话就像刀子一样刺伤了沐沐的心，沐沐再也不想跟爸爸探讨自己的梦想了。

在生活中，除了学习以外，家长们对孩子的痴心妄想持否定态度，他们对孩子的梦想不屑一顾，甚至打击孩子，嘲笑孩子。对于孩子来说，梦想有着无穷的魅力，它可以激励孩子努力追求梦想，对孩子的成长具有促进作用。

孩子在追求梦想过程中，会产生很强的内驱力，即使面对再大的困难，他们都不会惧怕，都会想办法去解决问题。很多著名的人物，比如毕加索、达尔文等，在童年时期，都有一个美好的梦，他们一生都为自己的梦想而奋斗，进而实现了自己的梦想。所以，没有梦想的孩子，是没有未来的，长大后也会平淡无奇，没有多大的作为。

孩子有梦想，哪怕家长觉得有多么不可思议，也不能按照成人的思维去否定孩子，而是要支持并认可孩子。家长应该为他有梦可追而感到自豪。如果家长能够相信孩子，鼓励并引导孩子追求自己的梦想，那么，孩子就会从家长那里获得力量和勇气，对自己充满信心。想要让孩子梦想成真，在孩子追梦的过程中，家长应多关注孩子。

当孩子心中有偶像，想成为那样的人时，家长要多与孩子沟通偶像的成长经历，告诉孩子，想要获取成功，就必须要付出努力，只有刻苦学习，才有可能让梦想开花。在孩子追梦过程中，家长要支持孩子，并多为孩子提供一些可行的意见。同时，家长要多督促孩子坚持梦想，不能轻易放弃。

孩子有梦想，家长不能轻易下结论，过早地否定孩子，将自己的消极情绪传递给孩子，让孩子失去正确评价自己的能力。如果孩子有什么想法，家长都给予否定，那么，孩子在无形中会受到家长的感染，认同家长的想法，觉得自己做不到，实现不了梦想，导致孩子做任何事都畏缩不前。

不管孩子的梦想有多么不可思议，家长都不能嘲笑孩子，因为不去尝试，你永远也不知道梦想到底能不能实现。所以，家长要多给孩子一点勇气，鼓励并引导孩子的梦想，那么，孩子说不定会给你一个大大的惊喜。

有一天，吃饭的时候，儿子突然对我说："妈妈，这道菜味道真不错，我长大了要当一名厨师。"我笑着对儿子说："好啊，厨师能做出美味可口的饭菜，很了不起的！"听到我的赞美，儿子为自己当厨师而感到自豪，他很高兴地吃饭。

没过几天，几个朋友相约，大家带着孩子聚一聚。吃完饭，大家开始聊天，其中一个朋友逗一个孩子玩："你长大后想做什么呢？"这个小男孩大声回答道："我想当一名宇航员，去看太空和外星人。"他还摆出宇航员的姿势，大家都为他鼓掌。

随后，每个小朋友抢着说起自己的梦想，有的想当一名作家，有的想当一名医生，有的想当一名警察，等等。轮到儿子时，他兴奋地说："我长大想当一名厨师，做好多好吃的饭菜。"大家听了都哈哈大笑起来。

一个阿姨对他说："我家潇潇这么聪明、长得又帅，怎么想当一名厨师，男人每天都做菜，多没有意思，太平庸了。"另一个朋友也说："是啊，潇潇，我们的梦想可以伟大一点，你看他们的梦想都很伟大，你也得有个大一点的梦想。"

本来是一些逗乐的话，但小孩子却不这样想，他会认为大人们是在取笑自己，加上小朋友们都随着大人们笑起来，使儿子感到委屈、羞愧，眼泪不由地就掉下来，我赶紧安慰他："儿子，阿姨们是跟你开玩笑的，你要相信妈妈，你如果想哭就在妈妈怀里哭吧。"随后，儿子搂着我的脖子，委屈地哭起来。

回到家，儿子问我："妈妈，厨师真的就是一个平庸的梦想吗？"我看着儿子，对他说："孩子，每个梦想都有它的价值，都是平等的，只要你努力追求自己的梦想，总有一天，你能梦想成真。"

从那以后，儿子不再为当一名厨师而感到羞愧，他还经常让我教他做菜，自己还买了一本菜谱，学着做。每当别人问他的梦想是什么时，他都很自豪地说："我想当一名厨师。"

其实，孩子还小，他们的自我意识还比较弱，他们的梦想还不够成熟。当他通过电视、玩具、故事书，或者接触的人与事，就会突发奇想，异想天开，这其实是孩子意识中的一种浅显反应。虽然，孩子的梦想比较稚嫩，但它能为孩子带来一种积极向上的正能量，这个美丽的愿望会激励着孩子勇往直前。

对于孩子来说，他的梦想并不是唯一的，并没有真正的定性，他可能今天是这个梦想，明天就会变成另一个。对于孩子的梦想，家长不要要求它有多么伟大，有多大的价值，而是要教孩子从中获得乐趣，这才是家长最应该做的。

不管孩子的梦想是什么，即使这个梦想有多平庸，每个梦想都是有意义的，有价值的，家长应该认真、小心地呵护，鼓励并引导孩子，这对孩子的成长具有重大的意义。

第 2 章

好习惯，让孩子受益终生

小到衣食住行，大到人格品性，人的行为无时无刻都受到习惯的影响。习惯决定命运，它的力量是巨大的，如果是好习惯，会让人受益终生，如果是坏习惯，就会毁了人的一生。所以，家长要培养孩子的好习惯，孩子长大才会有更多的机会。

2.1 勤奋，比天赋更重要

足球运动员克里斯蒂亚诺·罗纳尔多曾经在金球奖的颁奖典礼上说："光有天赋和潜力，你什么都无法获得。"也就是说，如果你有天赋，但没有努力，是无法获得成功的，因为成功是靠后天的不断努力获得的。

网络上曾经流传过这样一句话"比你优秀的人不可怕，可怕的是，比你优秀的人比你更努力"。我们强调什么，孩子就会为之努力，当我们夸孩子聪明，他们就会忽略努力的重要性，遇到困难，就容易放弃努力。天赋不是与生俱来的，是要通过后天的不断努力，才能获取成功。所以，家长不要再夸孩子聪明，要让孩子明白勤奋的重要性。

文文是一个聪明的孩子，很小的时候，就能背诵很多首唐诗宋词；玩积木，他几下就能搞定；在数学方面，他也有着过人的天赋，只要老师稍微地点拨一下，他就能举一反三，所以，从小他就是"别人家的孩子"。

但几年过去了，文文迷上了电子游戏，一有空就去网吧玩，学习成绩一落千丈，父母即使打骂他，也起不到任何作用。后来，文文的家长开始后悔，自己不该一味地夸赞孩子，使孩子经受不了一丁点的挫折和打击。

在生活中，我们常常夸孩子聪明，其实，这是一种错误的教育方式，它会扼杀孩子的上进心，使孩子因被夸奖聪明而变得骄傲自大，心理承受能力比较差，只要遇到挫折就灰心丧气，不愿意做任何努力。

在班里，学习最好的往往是那些踏实勤奋的孩子，而不是那些聪明的孩子，因为他们从小被人夸奖，自我感觉良好，不愿意做任何的努力，以为凭借自己的"聪明"就能战胜一切，所以，他们上课才不会专心听讲，课后也不认真完成作业，比较贪玩，甚至误入歧途。

实际上，没有谁能随随便便就能成功，成功需要付出很大的努力，需要不断地努力和奋斗，才能抵达成功的彼岸。有句话说的好，"勤能补拙，笨鸟先飞"，孩子只有勤奋，去努力奋斗，才能变得优秀，获得事业上的成功。所以，家长评价孩子时，千万不能夸孩子聪明。

我表妹的孩子上四年级了，表妹为了提高孩子的学习成绩，会托我帮她的孩子辅导功课。在这次测试中，孩子考得不错，表妹也很高兴。

我拿着试卷，在错误的地方，帮孩子分析问题，表妹拿着水果过来，对孩子说："你看，你不是学不会，你还是挺聪明的，只要多用心，成绩就能提高了。"孩子被表妹夸了，心里很高兴，还跟妈妈邀功："我这次比同桌考得还好呢，他天天努力，还报了补课班，都没有我考得多"。

我听了孩子的话，有些担心，就告诉孩子："你这段时间很努力，你的成绩之所以考得不错，都是你靠自己的努力得来的，所以咱们不能放松，还要继续努力。"其实，我更想让孩子知道，你可以为自己的成绩或被夸赞聪明而感到高兴，但你不能轻视、否定其他人的努力，更不可以认为聪明比努力更重要。

在生活中，我们常常会看到，有些学习成绩优秀的孩子，该玩什么就玩什么，还有很多爱好和特长，这种孩子往往会得到最多的赞美。还有一些平时比较贪玩的孩子，只要努力一段时间，学习成绩立马就能上来，这种孩子也会得到大家的夸奖。而那些没有任何特长，通过勤奋努力而成绩优异的孩子，大家同情中带着一些不屑。

有一篇文章叫《我奋斗了18年才和你坐在一起喝咖啡》，文章的作者就是通过努力，从农村考到上海，并在上海工作，文章中有这样几段话让人记忆犹新："我真的很羡慕大城市的同学多才多艺，知识面那么广，而我只会读书，我的学生时代只有学习、考试、升学，因为只有考上大学，我才能来到你们中间，才能与你们一起学习，所有的一切都必须服从这个目标。为了一些在你看来唾手可得的东西，我却需要付出巨大的努力。"

我们大多数都是平凡人，与那些交通不便的乡村孩子比，我们的孩子已赢在了起跑线上，但跟那些"富二代""官二代"比，我们的孩子与他们的差距是很大的。当我们告诉孩子，你很聪明，只要稍微努力一下，或者像别人那样努力，就能考出好成绩。我们说的这些话，会让孩子错误地认为，他占了天时地利，同时，他还会轻视那些勤奋努力的孩子。

人这一生，不管你处在哪一个阶段，努力都是有意义的，它代表着一份不达目的绝不罢休的决心，一份坚持到底的毅力，一份积极向上的态度和脚踏实地的行动。也许，努力的孩子付出了很多时间，他们放弃了玩耍的时间，放弃了与人交往的机会，他们日复一日地努力着，即使他们不够聪明，生不逢时，但人生最坏的结果，也不过是大器晚成。

在生活中，有些孩子学习很努力，也比较刻苦，但成绩却没有得到多大提升，因而不少家长开始怀疑勤奋努力的价值，但他们不知道，有些勤奋只是让人看起来比较努力，它是低质量的，是一种伪装起来的懒惰。

我有一个朋友，她女儿上初一，平时很努力，学习很刻苦。每天，她女儿都要学到很晚，但成绩就是上不来，朋友看在眼里，既心疼又着急，但也不敢将孩子逼得太紧。

有一次，我来朋友玩，我们在客厅聊天，他女儿在自己的房间学习。我跟朋友聊了一会，朋友便叫女儿休息一下，就也跟着进了孩子的房间。我看见她女儿正在抄写单词，密密麻麻地写了很多，仔细一看，有些单词的拼写是错误的。

我拿起孩子抄写的本子，随便问了几个刚抄写过的单词，孩子竟然有一半都不会。孩子对朋友说："这几个我还没有记住，我一会儿将每个单词抄写20遍。"后来，孩子主动给我看她抄写的课堂笔记和错题本。

我看孩子写的笔记，每一页都很工整，然后，我就问孩子："你平时经常看课堂笔记和错题本吗?"孩子明显有些迟疑。

有些孩子很勤奋,但没有得到好的结果,这其实就是低质量的勤奋。或者说,用战术上的勤奋掩盖了战略上的懒惰。换句话就是说,有些人从表面上看起来很努力,很刻苦,其实他们刻意回避了真正能解决问题和学习中最有价值的部分。

有些孩子虽然将错题整理到本子上,但这仅仅是第一步,我们还需要分析为什么会做错,是因为对基本概念比较模糊,还是思路有问题,或者是审题大意了,或是知识点的漏洞。孩子只有这样经常去分析,不断调整自己的学习方法,勤奋才是高效的。

勤奋努力是需要看到最终结果的,而不只是看上去很优美的姿势,这是衡量一个孩子到底是否勤奋的一个标准。有些孩子是逐渐地提高成绩的,虽然没有马上看到效果,但只要坚持下去,总会有所收获。

如果孩子只是通过勤奋来躲避家长的责骂,或者为了感动自己,其实是浪费自己宝贵的光阴。针对这种情况,家长就要让孩子知道,什么是真正的勤奋,勤奋的意义是什么。平时,家长要多与孩子聊理想、目标,让孩子明白勤奋的真正意义,他的内心就会产生认同感,自然就会努力。

同时,家长要帮孩子树立容易达到的小目标,让孩子能够高效完成,不要追求速度,不能贪多,要抓效率。另外,孩子有上进心是好事,但也要让孩子早睡早起,合理安排学习时间安排。

人与人之间虽然存在一定的差距,比如智商、眼界、思路等,有的人起点高,有的人起点低,但只要我们勤奋努力,生活还是会眷顾我们。改变命运的因素有很多,但勤奋无疑是最不可或缺的。虽然,勤奋的人未必会获得成功,但可以肯定的是,一个人不勤奋,那他肯定不会成功。所以,我们要告诉孩子,比天赋更重要的是勤奋,要让孩子明白天道酬勤的道理。

2.2　学会独立，该放手时要放手

每个孩子都是家长心中的心肝宝贝，不管孩子多大，永远为孩子操心，担心孩子，不放心孩子。当孩子做事拖拉、乱丢东西，他们会认为孩子小，或者觉得孩子做得慢，于是就忍不住帮孩子做了。然而，家长事事为孩子包办，这种行为会严重阻碍孩子的成长。

很多孩子长大后，成年而不自立，这个现象在生活中很普遍，很多家长在孩子小的时候，总以爱的名义让孩子只管学习，别的什么都不用管，认为孩子长大了，自然就独立了。其实，他们没有意识到自己在养一个"巨婴"，因为没有一个孩子会一夜就能长大。

上海有位母亲，已80多岁，老伴早已离世，她有3个子女，其中大儿子从小就是她的骄傲，她很宠他，所以将自己的住房转到大儿子一个人名下，致使女儿和小儿子对她很不满。

大儿子本科毕业于国内一流大学，后来，又考入滑铁卢大学，获得工程硕士，毕业后，他便回国。那时候，大儿子已48岁，由于他自我调节能力比较差，在工作中，只要遇到不顺心的事，就喜欢抱怨，辞职不干。回国后，大儿子晚上玩游戏，白天睡觉，一直不出去找工作。他的母亲患有尿毒症，一直依靠自己的退休金生活。

虽然，母亲每月都有3500元退休金，但每月治疗尿毒症所需的医药费就有 2000 多元，还要拿出 1000 元养着大儿子。为了省些钱，她每次做透析都是做长途公交车去。即使如此，大儿子无动于衷，对她的生活从未过问过。

看着自己辛苦培养出来的优秀儿子，整天只知道玩游戏，不出去找工作，母亲最终下定决心，以不履行赡养义务为由，将大儿子告上了法庭，希望他能振作起来。面对现在这个局面，这位老母亲十分懊悔，她后悔自己错误的教育方式，包办孩子的一切，使大儿子依赖惯了，觉得自己是毁了儿子前途的罪魁祸首。

做父母，并不是一项简单轻松的工作，它是一项非常具有挑战性的工作，身为父母，如果我们从小不教孩子独立，这才是最无知的、最残忍的。因为我们只能管孩子一时，并不能管孩子一辈子。

孩子未来的路，最终还是要靠他自己走，没有人可以代替。如果家长把一切都安排好了，反而是剥夺了孩子成长的机会，而孩子的成长，不正是从依赖慢慢走向独立吗？大约 3 岁左右，孩子的自我意识就开始发展，家长应该让孩子从穿衣、刷牙等小事做起，让孩子做力所能及的事，孩子才有"自己的事情自己做"的独立意识。

随着孩子不断长大，家长就要学会"懒"一些，遇到需要做决定的事，要把选择权交给孩子，让孩子自己去选择，做决定，从每个选择和决定中，孩子才能渐渐学会独立。

亮亮是一个 11 岁的小男孩，他的爸爸是一个旅游专栏作家，也是某家幼儿园的负责人。当亮亮放暑假了，爸爸决定带他去旅游。在这次旅行中，爸爸决定让亮亮管钱包，负责规划路线，路上的一切吃住行都让亮亮拿主意，而自己只负责骑摩托车带他完成旅行。

他们骑着摩托车从家乡出发，至于去哪儿，他交给亮亮，让亮亮自己定。一路上，爸爸让亮亮选择住宿的地方，吃什么都由亮亮决定，通过这种方式，爸爸想让孩子学会生活中的事情都自己做决定，并承担做出决定的一切后果。

他们经过福建、江西、安徽等10多个城市。在旅行的路上，亮亮每天晚上写完作业，就整理好自己的行李。然后再录视频日记，并提前规划好第二天旅行的目的地。爸爸认为，这是他想到的，陪伴孩子成长，培养孩子独立最好的方式。

孩子的潜力是很大的，只要家长不过于溺爱孩子，包办代替孩子做事，经常鼓励孩子自己的事情自己做，他们其实可以做很多事情。如果孩子依懒性比较强，家长就要反省自己，是不是自己的行为使孩子产生了依赖心理，如果真是这样，家长就要及时改变自己的行为。

想要改变孩子的依懒性，家长要鼓励孩子独立完成一些力所能及的事，比如，收拾碗筷、清洗衣服、做饭等，锻炼孩子独立做事的能力。不管依懒性多强的孩子，他在某方面总有一些独立行为，家长发现后，一定要及时赞美和肯定孩子，增强孩子独立做事的自信。

不过，培养孩子的独立性，并不是一两天就能成功的，家长一定要有耐心，不能急躁。当孩子独立做事时，难免会犯错误，做出很多错误的决定，家长一定不能打击孩子，使孩子失去自信。因为孩子只有经过很多次失败，才能知道自己的错误会造成什么样的后果，在一次次思考、试错和体验中寻找到的快乐，是属于孩子自己的价值，这样才能使他在下一次做出更好的决定。

其实，每个孩子都是在错误中不断长大的，但家长总怕孩子做不好，帮孩子做决定，这并不是一个明智的选择。每个家长都希望自己的孩子能够独立，但如果家长不肯放手，给孩子一个成长的机会，孩子又怎么独立呢？只有孩子觉得自己有能力管理好自己的事情，才会越来越独立，而不是将生活的责任寄托于家长或别人身上。

我们可以陪伴孩子成长，当孩子生命的引路人，但不能干涉他的人生方向。教育，就存在于生活中的每一个小细节和行动中。如果家长真的爱孩子，就要在孩子小时候给予他无微不至的爱和安全感，同时，还要在孩子逐渐长大的过程中，及时放手，让孩子自己独立去做事。

家长只有该放手时，懂得放手，孩子才会依靠自己展翅高飞。教育家陈鹤琴曾说过，教育有一个原则，孩子进一步，大人就退一步，凡是孩子能做的，大人就不要替他去做。只有放手，让孩子独立生存，孩子长大后，进入社会，才不会对未来惶恐不安，也不会因为一次挫折而一蹶不振，逃到父母身边寻求保护。

巨婴不是一天养成的，而是日积月累养出来的。只有父母愿意放手，才是给孩子最好的爱。

2.3 时间管理，让孩子做时间的主人

孩子做事磨蹭拖拉，几乎每个家长都感到很无奈，有时候，气急了还会用武力解决，但孩子的磨蹭没有得到改善，反而更加严重。其实，孩子做事磨蹭拖拉，很可能是缺乏时间管理的能力。

管理大师彼得·德鲁克说："不能管理时间，便什么也不能管理。时间是世界上最短缺的资源，除非严加管理，否则就会一事无成。"如果孩子的时间管理能力比较差，不能合理安排好自己的时间，不管是吃饭睡觉，还是写作业，都比较磨蹭、拖拉，这种不良的习惯可能会影响孩子上课的专注力，学习自然不会好。

更重要的是，孩子没有时间观念，就会有拖延症，长大后，孩子很难在工作中取得成绩，甚至一事无成。所以，家长一定要帮助孩子建立时间观念，提高做事效率。

想让孩子不磨蹭，家长需要让孩子知道，这件事有价值，值得去做，比如，梦想、兴趣等，有了这个内在动力，我们再帮助孩子将目标进行细化和倒推，只有这样，孩子才会知道，自己现在需要做什么，明白管理时间的重要性。

家长平时可以将孩子已有的或觉得重要的东西与时间进行绑定，使孩子产生行动力，这样孩子才会知道，我需要管理好自己的时间。所以，家

长要多问问孩子喜欢什么、想做什么,当孩子有自己想做的事时,家长要多鼓励孩子,并引导孩子怎么做才能实现它。

孩子做事磨蹭,说明孩子没有时间观念,这是一个比较复杂的生理和心理问题。我们作为成年人,尚且搞不懂时间管理,更何况孩子。为了教育好孩子,我们不能事事替孩子着想,帮孩子做,催促孩子。而是要多了解孩子,让他慢慢对时间有个概念,尊重孩子的同时,还要引导孩子去做他认为有价值的事,从而使孩子明白时间的珍贵,激发孩子的内在动力。然后,我们才能教孩子如何管理时间。

齐齐通常可以把喜欢做的事情很快地做完,不喜欢的事情就做的很慢。有一次,齐齐一放学就放下书包,打开电脑就开始玩游戏。妈妈看见了,就问齐齐:"儿子,做完作业了没有?"齐齐说:"没有。"妈妈说:"先写完作业,再玩游戏。"齐齐说:"妈妈,让我玩一会儿,一会儿就去写作业。"

平时,齐齐总是先玩,再写作业,他不仅很晚才写完作业,而且作业的错误率还比较高。虽然,妈妈为此没少说他,但是他从来没有改变。即使是周末,齐齐也是先玩,等周日快睡觉了,他才想起作业还没写。齐齐因为贪玩,经常忘记写作业,没少被老师批评。虽然,妈妈也曾跟他交流过,但没有多大效果。

孩子在做任何事情时,由于对事情的主次分不清,做事效率就不高,这与家长的教育有关。由于家长的疏忽,没有正确引导孩子,孩子做事情就不知道什么是主要的,什么事是次要的。

想要解决这个问题,家长需要帮助孩子分清主次,让孩子知道,什么是重要的事,比如,写作业、读书等,什么是可做可不做的事情,比如,玩游戏等。同时,家长还要让孩子做事要先将最重要的事情放在首位,然后再做其他事情,让孩子养成做事有主次的好习惯。

豆豆写作业,从来都是想做什么就做什么,没有一个先后顺序。今天,他可能会先写语文作业,然后,再写数学作业;等明天,他可能会先读英语,再去看语文。其他同学大多都是先复习再写作业,而他却正好相反,先写作业。由于他没有复习,做作业的时候,有很多题不太会做,需要花很长时间才写完。完成作业,他才开始复习。

平时,他做事都很混乱。有一次,老师让他负责带领大家早读,可是没过多长时间,老师就不让他负责了。原来,他带领大家早读时,有时候,他会让大家先听英语,再听写英语单词,最后再读语文;可有时候,他却先让大家听写英语单词,然后再读语文,最后再读英语。同学们向老师反映,豆豆总是想起做什么,就做什么,把大家都搞糊涂了。

很多孩子学习时,没有先后顺序,总是想起什么,就做什么,这其实跟家长的教育脱离不了关系。无论做什么都要有顺序,要培养孩子生活上的规律。如果家长在孩子小的时候,没有培养孩子的生活规律性,比如,定时吃饭、定时玩耍等。孩子长大后,不仅在学习方面会出现这样那样的问题,在生活中,也是没有规律的,这样会影响孩子的健康发展。所以,家长要以身作则,让孩子形成有序的生活和学习习惯。

女儿做事比较拖拉,我决定帮助孩子管理时间。周六,本来定好早上8:00~8:30做完语文作业,虽然,女儿确实在规定的时间内完成了作业,但完成的时间却是8:35。后来,我跟女儿分析一下出现这种情况的原因。

女儿向我解释:"我没有在8:00开始。"我问她:"你为什么没有准时开始呢?"女儿继续说:"因为我需要从书包里拿出书和作业本,还要削铅笔……"然后,我问她:"针对这个问题,你有什么好的办法解决?"

女儿说:"下次,我早点开始写。"我说:"那你是打算今天提前完成明天的作业?"女儿说:"那可不行!"我继续问:"那你有什么更好的办法?"女儿说:"我下次提高5分钟开始做准备,然后,准时开始写作业。"

我夸奖道:"你的这个想法很不错,不过,你还要提前想好每科都有哪些作业，并拿出来放在一边，这样完成一项，就可以直接做下一项，这样才能在规定的时间里做完作业。"通过这次，女儿找到了问题的关键，也找到了解决问题的办法，大大提高了做事效率。

孩子进入高年级后，每天都要做很多事情，家长想要培养孩子的时间管理能力，可以让孩子做一个日程表，把每天要做的事进行分类，按照轻重缓急的顺序，依次完成所有的事情。同时，我们也可以给孩子戴走针手表，让孩子有个时间概念。

孩子有任务时，我们可以提前告诉孩子，什么时间要做什么事，什么时间结束，还有多少时间开始……通过提醒，孩子不仅能记得更清楚，还能更好地执行。有问题不可怕，只要找到好的方法去解决，才是最重要的。

时间管理不仅是一种能力，还是一门艺术，家长不仅要监督孩子学习，还要教孩子做好时间管理，这样，孩子才能学得更好，更轻松。

2.4 阅读，藏着孩子的未来

有些孩子在小学学习成绩很不错，但进入初中后，他们的学习成绩就直线下降，越学越累，甚至学不下去了，而有些孩子虽然在小学表现得很一般，但他们博览群书，见多识广，等到初中、高中后，反而潜力无穷。所以，家长不能过于追求分数的高低，要帮助孩子养成阅读的好习惯，才能起到事半功倍的效果，使孩子受益终生。

著名教育家苏霍姆林斯基说过："应该让孩子生活在书籍的世界里"。阅读，是孩子一生的财富，它藏着孩子的未来。家长作为孩子阅读的启蒙老师，要多鼓励孩子大量阅读，并坚持阅读，通过长年累月的阅读，会让孩子拥有自主阅读的能力，而那些读过的书会帮助孩子快速成长。

为了让儿子爱上阅读，爸爸给孩子买了少年版的《三国演义》，儿子翻了翻，就丢一边去了，后来，爸爸又买了一本民间故事书，里面有《草船借箭》《三顾茅庐》等小故事。刚开始，他给孩子读一个故事后，就会问儿子："儿子，你说诸葛亮厉不厉害，他设计了空城计，三气周瑜……"

本来，儿子对《三国演义》不感兴趣，但听了爸爸说的，立马有了兴趣，捧着《三国演义》津津有味地阅读起来。又利用这种诱惑的方式，爸爸在跟儿子阅读《鲁滨逊漂流记》时，问儿子："如果我们住在荒岛上，周围什么都没有，我们能活下去吗？"

儿子说："那我们吃什么呀,还不饿死了?"爸爸接着说："可有一个人,他叫鲁滨逊,就很顽强,自己一个人在荒岛上生活了28年,你相信吗?"然后,爸爸节选了一段最精彩的故事情节讲给儿子听,儿子的阅读兴趣被激发起来了,自己拿起书,情不自禁地阅读起来。

孩子贪玩,不喜欢读书,即使家长想了很多办法,也没有多大的效果。其实,没有一个孩子生下来就喜欢做一件事的,读书也不例外。在生活中,家长们大多忙于工作,无暇看书,或者他们有空就选择看电视、玩手机、打麻将等,或者家里没有太多的书,这种情况下,孩子自然很难爱上阅读。

家长喜欢读书,孩子才能在家长的感染下,渐渐对阅读产生兴趣。另外,家长要抓住孩子的好奇心,激发孩子的阅读兴趣,让他们体会到书中奇妙的世界,孩子才会主动去阅读,开始读书之路。

同时,家长可以引导孩子猜测故事情节,这也是吸引孩子的有效方法。当然,家长也可以将自己与孩子朗读的过程录下来,孩子听着自己的录音,会很有成就感,渐渐地,孩子就会对阅读产生浓厚的兴趣。

女儿从小就喜欢读书,随着女儿阅读量的不断增加,我为她选择的书已满足不了她,她会经常到书店买自己喜欢的书。曾经有一段时间,我为女儿精心挑选的书,女儿连看也没有看,只读自己买的书,在我看来,女儿买的那些书是一些很肤浅的流行读物,但女儿却喜欢买,喜欢读,一有空就拿起来读,我本来想制止的,但最终还是忍住了。

后来,我把女儿阅读这件事跟闺蜜诉说时,闺蜜是一个在育儿方面颇有经验的人,她告诉我:"你呀,放心吧,女儿喜欢读书是一件好事,不用去管她读什么书,就像我们有时候吃腻了家里的饭,偶尔也想吃路摊上麻辣烫之类的小吃一样,虽然,吃的是垃圾食品,但对我们的危害也没有想象中那么大。如果你不让她吃垃圾食品,等她有了零花钱,也会想方设法去尝尝垃圾食品的味道,与其让她背着你去做,不如让她经历这样的一个过程。"

对于闺蜜的建议,我接受了,但只要超出我"底线"的书,我明确告诉女儿："这种书,你可以借着看,或者到书店读,但我不同意你买它。"女儿这种情况大约过了半年,就不再读流行读物,而是选择有价值的书籍阅读。

随着孩子渐渐长大,他们有了自己的喜好,会读一些粗俗的"垃圾书"。针对这种情况,绝大多数的家长都是粗暴地进行制止,但有时候,家长做得越多,孩子反而不会听。与其制止孩子,家长不如疏导和引导孩子。

其实,孩子偶尔读一些垃圾书,并不是什么多大的事,很多孩子都会有这种表现。只有孩子经历了这样的过程,才能慢慢有自己的判断,知道阅读也需要有所选择。著名儿童文学理论家刘绪源将儿童文学作品划分为三大母题,分别是爱、成长、自然。实际上,孩子们读得书大多不会离开这三大母题。虽然,孩子偶尔读一些垃圾书,没什么大不了的,但如果他们一直读垃圾书,这就是一个大问题。

培养孩子阅读时,家长应顺应孩子本性,在这个基础上,引导孩子进行高质量的阅读,让孩子读一些高雅、有品位的儿童文学。市场上的书鱼龙混杂,家长选书时,可以将适合孩子阅读的书单抄下来,有些书可以征求一下孩子的意见,有些比较好的书籍,可以直接买下来。不管孩子看或不看,书在那里,相信孩子总有一天会读的。

另外,家长不要限制孩子的阅读范围,要鼓励孩子多接触和阅读不同类型的书籍,比如,诗歌、科普、科幻等。每种类型的书籍,都会给孩子带来不同的阅读感受,让孩子通过书了解不一样的世界,体会到其中的酸甜苦辣。

女儿上小学六年级了,平时很爱看书,但语文成绩并不是很理想,主要是作文写得并不好。妈妈也不明白,为什么看了那么多书,女儿的作文水平并没有得到提高。

有一次,老师要求写一篇读后感,女儿不知道怎么写。妈妈就问她:"你最近不是一直在读《草房子》吗?写这本书的读后感不就可以了吗?"女儿说:"我不会写,因为老师对作文结构有规定,要大致写出故事内容,再……"女儿对妈妈说了很多,妈妈最后明白了,女儿不是对那本书没有感觉,而是不知道如何按照老师的套路,将自己的感受表达出来。

放寒假了,语文老师留了8篇作文,其中5篇是摘抄有关描写景物、动物的作业。女儿很抵触,但又不得不写。通常,她就只是抄,至于这篇作文哪里好,她并不知道,也不去记那些好词好句。

实际上,读书的效果并非马上就能显现出来,可能需要一个等待期,一年、两年,甚至更长的时间,但只要孩子读了,好好地阅读,而且阅读的书是好作品,那么,孩子看书所发挥的作用一定会显示出来。当然,在生活中,也不乏一些孩子在某段时间内大量看书,他的作文水平明显得到很大提升。

孩子阅读是为了乐趣,他们读故事本时,有时候会情不自禁地笑出声音来,看得高兴时,他们会放下书,和我们聊几句,并发表自己的想法,这其实就是他们的读后感,只不过,不是用笔写出来的,而是用嘴表达出来的。

孩子每读完一本书,我们都要求孩子写一篇读后感,即使他再喜欢读某本书,估计他也没有兴趣去读了,更不想去写读后感。孩子阅读是为了乐趣,没有了乐趣,自然就不想阅读。带有目的去阅读,会破坏孩子的兴趣,孩子的作文水平自然没有提高。

喜欢阅读的孩子不一定都会写作文,但只要一个孩子不喜欢阅读,肯定是写不出好作文的。所以,想要提高孩子的写作能力,家长可以鼓励孩子写真心话,自己心里怎么想的,就怎么写,自己有什么样的经历,有什么体会,这些都可以写,只有自己体会过的,经历过的,写出来的作文才具有真情实感,才是最好的素材,这样的作文才是最好的作文。

阅读很重要,因为解决任何一个问题,都离不开对书的广泛而深入的阅读,不管是语文学习,还是作文写作,都要回归到阅读上来。阅读是一辈子的修行,我们也许在短时间内看不到明显的效果,但只要坚持让孩子大量阅读,总有一天会绽放出那朵最美的花。

2.5 孩子总丢三落四，要及时纠正

生活中，几乎每个孩子都丢三落四，不是忘记带书包，就是忘记带钥匙，或者是忘记带其他东西。虽然，这只是一个小错误，但它给孩子的生活和学习带来了不小的困扰。可以说，孩子丢三落四这个坏毛病，几乎是每个家长的心病。

孩子丢三落四这个毛病并非是天生的，而是后天形成的一种不良习惯，而孩子身上的每个习惯都是日积月累养成的。所以，家长首先要分析孩子坏毛病是如何养成的，然后再想办法去解决问题。

一般来说，丢三落四的孩子一般都有独立性差、做事毛躁、依赖性强等特征，他们的记忆力并不差，之所以会丢三落四，大多是因为家庭教养坏境造成的。家长过于溺爱孩子，包办代替孩子做事，使孩子事事都不想，才容易丢三落四。针对孩子这个问题，家长要及时纠正。

女儿做事总是丢三落四，经常把自己的物品弄得一团糟。有一次，女儿上学忘记带作业，不带作业跟没写作业一样，要被老师罚站，女儿为了不受惩罚，就让老师给爸爸打电话，让爸爸帮她把作业带到学校。

事后，爸爸告诉女儿："我最多只能给你送两次作业本，第一次是疏忽大意，忘了，没关系，第二次，你又忘记了，爸爸也不怪你，但如果第三次，你还这样，那你就是故意犯错，爸爸可再也不给你送了。"

女儿虽然答应着，但她并没有将爸爸的话放在心上。很快，她又忘记带作业本，这次，爸爸不再给她送作业本了。由于她没带作业，被老师罚站了。晚上，女儿写完作业，开始收拾和整理自己的书包。从那以后，女儿丢三落四的毛病有所改善，她的物品经常摆放得很整齐，也很有条理，做事也比较有规划。

孩子总是丢三落四，这个坏习惯并非是一天形成的，习惯的养成主要跟家庭教养环境有关。家长总认为孩子小，包办孩子生活上的很多事，让孩子产生依赖，知道自己不做，自有家长来帮自己做，所以，做不做都没有关系，自然就干脆不做。当孩子逐渐长大，家长再重视这个问题，就收不到很好的效果。

在孩子成长的路上，家长不可能一直替代孩子成长，所以，家长不能事事都管，但又不能什么事都不管，要懂得掌握分寸，适当"懒"一些，让孩子承担"丢三落四"的后果，让他意识到，没有人会为他承担责任，培养孩子的主人翁意识，让孩子学会为自己负责，只有这样，才能有效改善孩子这个坏毛病。

彬彬是个聪明活泼的小男孩，他已经上初中了，但总是丢三落四，东西经常随手一丢，上学的时候，不是忘了拿书、作业，就是忘记拿校牌。

有一天早上，妈妈开车送他去上学，都快走到学校了，他突然大叫："糟了！我忘记拿校牌了，咋办？妈妈赶紧回去拿吧！"妈妈生气地说："说你多少次了，晚上要将自己的东西都准备好，总是忘这忘那，都快到学校了，才想起来，再说妈妈上班要迟到了，你该为自己丢三落四负责，自己想办法吧！"

妈妈又接着说："以后再出现这样的事情，妈妈不会再帮助你，也不会替你承担后果！"彬彬听了妈妈的话，开始发脾气："不就是忘了带校牌嘛，不管就不管，罚站就罚站，不让进学校更好呢！"

两个人都不再说话了，而彬彬一想到小学跟奶奶在一起时，不管忘了什么，奶奶都不会训斥自己，反而会安慰他，帮助他想办法，替他送作业，觉得还是奶奶最爱他。想到这，彬彬委屈地留下了眼泪，可他却悄悄地擦干眼泪，装出无所谓的样子，不想让妈妈看到。

当孩子总是丢三落四时，有些家长会理解孩子，觉得孩子年龄小，难免想不到，不想让孩子受委屈，就会帮孩子收拾或解决问题，而有些家长却在孩子因东西找不到而求助时，不管孩子，他们认为，孩子应该为自己的行为负责，承担后果，这样，孩子才会长记性，不会再丢三落四。

孩子丢三落四，是做事没有条理、不注重规则的一种表现。有些孩子随手将东西一扔，等到下次用的时候，却找不到了，这是孩子从小没有养成一个良好的生活习惯。在现实生活中，家里大多是独生子女，家长或长辈对孩子照顾得无微不至，觉得孩子小，什么事都替孩子做，直到孩子上中学，他需要独自面对很多事，这种丢三落四的危害就越来越凸显，家长这才开始意识到。

孩子丢三落四，家长不要过于训斥孩子，必要时，可以给予孩子一定的指导。想要帮助孩子改掉这个毛病，要尊重孩子，与孩子商量，让孩子做出改变。开始执行时，家长可以敦促孩子检查自己的东西，比如，家长提前让孩子检查自己必须要带的东西，或者，让孩子将要用的东西写在一张纸上，并一一核对，以此监督孩子养成一个良好的习惯。

同时，要提醒孩子有序地摆放物品，东西用过后，要及时放回原位。当孩子丢了比较重要的贵重物品，家长不能再买，以此让孩子明白，东西丢失所带来的不便，以后尽量少丢或不丢东西，从而学会有条理地做事，学会检查自己的物品，勇于承认责任，改掉"丢三落四"的坏毛病。

琳琳是一个乖巧的孩子，性格比较开朗，但她有一个丢三落四的坏毛病。不是今天丢一支铅笔，就是明天丢一块橡皮，更重要的是，她从来不当回事。每天晚上，检查文具时，妈妈都会问她："铅笔怎么又少了？是被班里的同学抢走了，还是丢了？你说实话，这到底是怎么回事，我不会怪你的。"

琳琳告诉妈妈："笔掉在地上了，当时没想起来捡。"妈妈无奈地说：

"你知道东西掉了,为什么不捡?咱们家的钱也不是大风刮来的,都是我们辛苦挣的"妈妈接着说:"铅笔、橡皮虽然只是小钱,但也是花钱买来的,你要懂得珍惜,知道吗?"

为了让琳琳理解,妈妈还让她看贫困山区的纪录片,让孩子知道,世界上还有孩子生活过得很清苦,连书本都没有。妈妈还用过其他方法,比如,在橡皮上写上名字等,都没有多大效果。

有时候,孩子的心智没有那么成熟,对物品的整理能力比较弱,顾这边,顾不上那边,这个属于正常现象。孩子对物品的重视程度,并没有我们想象的那样高,这是孩子年龄特点所致。即使家长给孩子灌输挣钱不容易等概念,由于孩子的理解能力有限,很难真正明白。

当孩子逐渐理解后,可能会出现很强的内疚感、负罪感。毕竟孩子不是故意丢东西的,只是因为不在意,或者顾不上来,如果孩子总是为丢东西而心事重重,觉得对不起父母,这对孩子心理健康成长极为不利。

想要改掉孩子丢三落四的坏毛病,家长可以多观察孩子丢东西的频率,一旦发现孩子丢东西的频率降低,就要抓住机会,夸奖孩子,"我发现你最近只丢了一支笔,明显比原来丢得少了,你是怎么做到的?"

如果孩子说:"我用完就马上放铅笔盒里了,就没有丢",或者说:"我看笔掉地上了,就捡起来了",或者是其他类似的回答,说明孩子有了掌控能力,这个时候,家长就要及时肯定孩子,切不可随便说一句"你真棒!",这并不能为孩子带来很好的体验。而是要看着孩子的眼睛,真诚、认真地夸赞她,说出她做得好的具体细节,孩子才能牢记这种成就的时刻。

然后,妈妈可以继续说:"我以前总说你,你都没有做到,最近是怎么做到的,你表现得很好,我们再想一下,笔是怎么丢的?当时没有捡,是因为有事打扰你了吗?如果以后在遇到这种情况,你该如何处理好这种事呢?我们一起想个好办法,让你的所有物品都能归位。"

在这个过程中,家长都是在引导孩子,没有直接给孩子答案,要求她应该怎么办。所以,当孩子丢三落四时,家长不能总给孩子讲一些大道理,不听取孩子的反馈,这样容易让孩子产生逆反心理。

我们只有尊重孩子,他们才会有自己的办法,而不是家长反复训练孩子。在这个过程中,孩子就会学会,遇到问题时,不找任何理由,要积极主动找办法。家长越懂得鼓励和包容孩子,给予孩子一个宽松、宽容的环境,孩子才会向家长敞开心扉。

2.6 做题粗心，如何改掉坏毛病

提起孩子的成绩，我们常常听到家长说："我家孩子挺聪明的，就是太粗心"，一说起丢分的原因，好像都离不开"粗心"这两个字。但是，孩子丢分，真的是因为粗心吗？

粗心，这个从表面上来看，只是一个无伤大雅的"小毛病"，但其背后隐藏很多问题，比如，知识掌握不牢固、注意力不集中等。如果家长不引起重视，不尽早帮孩子改正过来，孩子很难在考试中取得好成绩。

虹虹在班里学习还不错，就是做题比较粗心。有一次，班里进行了一次数学测试，虹虹考了 98 分。老师将虹虹妈妈留下谈话，老师告诉妈妈："虹虹妈妈，虹虹这孩子挺聪明的，就是有些粗心，经常因为一些简单的问题而丢分，这个粗心的坏习惯会影响她今后的学习和生活，所以你要重视这个问题。"

回到家，妈妈仔细查看了虹虹的几份试卷，发现虹虹失分的原因。有的是落掉了题，有的是多写了个零。后来，妈妈又问了孩子几个问题，孩子一会说是这个，又犹豫一下，换了另一个。妈妈这才知道，有时候，虹虹在知识方面出错，是因为知识掌握得不够牢固。

孩子做错题，家长们会认为，孩子很聪明，就是有点粗心，下次注意就好了。结果，下次，孩子依然粗心。其实，家长不知道，在孩子粗心时，夸孩子聪明，其实是纵容孩子"粗心"，无论多少个下次，孩子还是会粗心。

有时候，孩子粗心，主要原因是知识掌握的不够牢固，家长只看到了孩子"粗心"，却没有去认真分析孩子粗心的真正原因，这样就很难对孩子的知识进行查缺补漏，帮助孩子进步。在孩子成长道路上，家长要帮助孩子扫除一切障碍，才能让孩子形成一个良好的学习习惯。

如果孩子粗心是因为对基本概念理解得不够清楚，知识掌握得不够熟练，准确率自然就不高。如果孩子对基本概念理解不够透彻，只是用死记硬背的方法去记忆，学过的东西很快就会忘记。由于考试时间有限，孩子遇到不熟练的知识点时，容易紧张，考试就容易出错。

想要解决这个问题，家长可以针对孩子出错的题，先给孩子讲明白知识点，再给孩子出几道类似的题，不仅可以巩固知识，还能检验孩子掌握的程度。当孩子对知识很熟练，即使在考试中会紧张，也大大降低了错误率。

女儿上小学前，没有识字，也没有学写字。虽然，女儿后来读过很多书，但她阅读速度很快，对字的认识不求甚解。老师在课堂上考生字，第一次，她总会错几个，后来，多考几次后，她才能写对。不过，有时候，她每次都会错不一样的题。

女儿上三年级时，妈妈要求她每天写生字时，边背边写，而不是看着抄，这样每个字都在做自测练习，大大提高了学习效率。女儿上四年级后，妈妈会让孩子注意字词的学习。她每次遇到自己写错、不会的字词时，妈妈都会给她讲解，这个字是什么结构的，有什么道理，并向她介绍字的基本偏旁部首规律。

女儿上五年级时，每周放学后，学校有一节讲汉字和中文文化的社团课，女儿比较感兴趣，就报名参加了。渐渐地，女儿在字词上很少出错，也许是孩子长大了，各方面发展都提升了，但由于粗心而出错明显减少了。

孩子总写错字，原因有很多，比如，看的不够仔细、动笔少、不了解汉字偏旁部首等，有时候，也跟孩子的性格有关。有些孩子的性格比较文静，做事比较仔细，看书慢条斯理，一笔一划地写字，这样的孩子写生字的准确率更高一些，而有些孩子，动手能力比较强，对图形比较敏感，但不求甚解，遇到生字就看个大概，胡乱猜一下字的读音就过去了。家长要根据自己孩子的情况，再针对想办法。不过，孩子粗心还有另外一个原因，就是孩子的专注力不够集中。

女儿的好朋友悠悠经常过来玩，放假了，两个小伙伴约定一起写作业。我发现，两个小家伙一起写作还是挺快的。当女儿把作业拿过来让我检查时，我顿时傻眼了，好几个字缺胳膊少腿的，还有漏题、写错的。

经过了解，原来，女儿写作业时，一会儿玩会儿芭比娃娃，一会儿跑到窗外看看外面。为了提高孩子的专注力，他们写作业的时候，我根据作业量和难度，要求他们在一定时间内完成作业，谁能按时完成作业，准确率又高，谁就能获得奖励。

通过这种方法，我发现，悠悠一直在专心写作业，而女儿好几次都想站起来，但又忍住继续写。慢慢地，女儿也能跟悠悠一样，集中精力地认真写作业了。

有些孩子性格比较活泼、好动，好奇心比较强，这是正常的，但孩子缺乏专注力的学习习惯，家长还是要引起重视，纠正孩子的坏习惯。培养孩子的专注力，家长在日常生活中，可以对孩子进行有意识的训练，比如，孩子正在做某件事时，没有做完前，不要打扰孩子，让孩子集中精力去做完一件事。

当然，家长也可以通过一些游戏来专门训练孩子的专注力，比如，在纸上写字，让孩子看一分钟，再让孩子回忆一下都有哪些字。这种游戏不仅可以培养孩子的专注力，还能锻炼孩子的记忆力。不过，家长需要由易到难，循序渐进，纸上的内容也可以多种多样。游戏的次数，家长可以根据孩子的兴趣来定，一般最好不要超过三、四次，让孩子在玩中培养专注力。

蕊蕊学习成绩一直都很不错，但平时做题或默写生字容易出错，尤其是有心事或心情不好的时候，简单的题也容易做错，甚至有时候，加、减号都没有看清楚。检查蕊蕊作业时，妈妈发现她没有仔细读清题就做了，就会问她："这道题，你看看还有其他答案吗？"她拿过来一看，就说出了正确答案。

这个时候，妈妈没有责备她，而是告诉她："下次做题时，你一定要认真读题，相信没有题能难倒你的！"

我们每个人都会犯错，所以，我们也要允许孩子犯错，在错误中成长。当孩子做题粗心时，我们不要轻易给孩子贴上负面的标签，那样，孩子会认为自己粗心，做题就会越来越不用心，错得也会越来越多。

如果孩子把简单的题做错了，家长可以告诉孩子："你再仔细看一下，还有别的答案吗？"当他做出正确答案时，我们不要对孩子说："你看，马虎了吧？"而是要说："通过你的认真努力，做对了，下次做题的时候，再认真一些，我相信没有什么题能难倒你的！"相信孩子听到这句话，下次一定会认真仔细，以此来获得家长的认可和鼓励。

孩子做题比较粗心，这不是原因，而是一种结果，也是一种习惯。孩子做题粗心，其背后的原因并不那么简单，家长一定要找到孩子粗心后面的真正原因，对症下药，才能帮助孩子解决问题。

第3章

会学习，让孩子更优秀

在同一个班级里学习，同是一个老师教的，为什么孩子们的学习效果却千差万别。其实，孩子学习不好，问题也许不只出在孩子身上，也有可能出在家长身上。所以，家长要正确引导孩子，在了解孩子的基础上，找原因、想办法，帮助孩子解决学习上的问题。只有会学习，孩子才能变得更优秀。

3.1 偏科，引导孩子全面发展

几乎每个孩子都有自己的短板，偏科已成为一种普遍的现象。在学习中，最弱的那科成绩会影响孩子的整体成绩，所以，不管是孩子，还是家长，都要引起重视。

孩子偏科，家长不能一味地责备孩子，以免孩子产生恐惧和厌烦心理。家长要帮孩子找到学不好的真正原因，比如，学习方法不正确、对老师有意见等，然后再对症下药，增强孩子的自信心，引导孩子全面发展。

芊芊的学习成绩还不错，就是有些偏科，她最怕的就是英语，每次上英语课时，老师只要听写单词，她就会作弊。芊芊每次都会提前将老师可能会听写的单词抄在一张纸上，等老师听写时，她就偷偷地打开那张纸来看，好几次都被老师看见了，但是老师没有当场揭穿她，而是很好奇她为什么老是作弊。

后来，老师与芊芊进行了一次沟通，才明白了芊芊作弊的真正原因。原来，芊芊的妈妈对她的要求比较严格，只要上课听写的单词错一个，回家就要被罚抄20遍，所以，她很害怕错，只好采用作弊的方法来避免被罚抄。

老师看到芊芊有一个本子，上面密密麻麻抄满了单词。老师问她："每个单词抄30遍，你都记住了吗？"芊芊回答："还是记不住。"老师问：

"那你为什么还要抄？"芊芊说："妈妈要求我这样做的。"老师问："那你喜欢这样学英语吗？"芊芊说："不喜欢"。

当家长发现孩子偏科，很多家长都比较焦虑，他们通常对孩子比较严格，这种错误的教育方式，会使孩子失去对学习的兴趣，这也是造成孩子偏科的原因之一。孩子偏科，家长不能光顾着给孩子补弱课的基础，教他们学习的方法，还要增强孩子对弱课的信心，激发他们对学习的兴趣。

兴趣是孩子最好的老师，只要孩子感兴趣的，家长无需要求，孩子就会主动去做，但如果孩子不感兴趣，即使家长要求再多，也不会产生多大的效果，反而适得其反。家长想要培养孩子的信心和兴趣，就要想办法让孩子不排斥学习，愿意学下去。

对于孩子不擅长的科目，家长刚开始不要让他做比较难的题，因为孩子对这门学科的基本知识掌握得不够好，做比较难的题，比如，孩子练英语单词都记不住，家长就要求孩子见到单词能拼读，听到英语单词就能写等，这样不但无法提高孩子的学习成绩，反而使孩子产生排斥心理，失去对学习的兴趣和信心。

我们可以让孩子从简单的习题做起，先掌握好课本上最基础的知识，然后，我们再适当提高题目的难度。每当孩子取得进步，哪怕是一点点，家长都要夸赞孩子，孩子才能如你所愿，变得越来越好，这就是正能量的巨大威力。

同时，孩子努力做出的改变，都值得家长给予及时的肯定和奖励，比如，孩子取得进步，家长可以带孩子去旅游，带他参加科技展等活动，通过这种方式来肯定孩子的努力，满足孩子的精神和心理需求，给予孩子继续坚持下去的动力。

小欣是六年级的小学生，喜欢唱歌跳舞，也很爱阅读，性格开朗活泼，有很多好朋友。但是，由于小欣经常做不完作业，英语老师经常用恶劣的语言批评她，使她很恨老师。因而，每当上英语课时，她都打不起精神，不喜欢听老师讲课，自然英语成绩比较差。

有些孩子偏科，受老师的影响比较大，他们通常喜欢某个老师，就对那个老师所教的课特别感兴趣，努力学好这门课，成绩自然比较好。但如果他们对某个老师有成见，就对这个老师教的课失去学习兴趣，甚至厌恶这门课。如果是这种情况，家长就要引起重视，需要与孩子好好交流。

与孩子进行沟通时，家长需要给孩子讲清偏科的危害，同时要告诉孩子，你可以不接受老师的表现，甚至做法，但学习不是给老师学的，不能因为不喜欢某个老师，就不喜欢他所教的课，甚至放弃学习，这是非常愚蠢和不理智的行为，最终吃苦的还是自己。同时，家长要教孩子学会与老师进行沟通，尤其是与自己不喜欢的老师进行沟通。

一般来说，孩子对老师有成见的原因有很多，比如，不喜欢老师的授课方式，没有其他老师教得生动有趣；老师经常严厉批评孩子；老师只关注学习成绩好的学生等，如果问题出在老师身上，家长可以主动与老师进行沟通，并将孩子的想法向老师反映。不过，家长需要注意说话的方式和语气，以免让老师误会。家长可以恳请老师多鼓励和帮助孩子，比如，上课多提简单的问题让孩子回答，增强孩子对弱课的兴趣和信心。

当孩子抱怨老师时，家长不能在孩子面前指责老师，以免加深孩子对老师的成见。家长要学会让孩子接受每个老师，教孩子学会换位思考，站在老师的角度去理解和接纳老师，以此来改善孩子和老师的关系，消除孩子对老师的抵抗情绪。

兰兰从初一开始，每次考试，语文和英语成绩都还不错，尤其是作文，经常被老师作为范文，唯独数学，经常不及格。虽然，她的语文和英语成绩很不错，但这两科与同学们的成绩相差不大，真正拉开她与同学差距的是数学，差不多有二三十分。

每当上数学课时，她最怕老师提问，因为老师经常让她回答，而她都回答不出来，只能红着脸站着。有时候，老师就会调侃道："兰兰同学，要是能提高数学成绩，那绝对是班里前几名。"每当这个时候，同学们都哄堂大笑，而她恨不得找个地缝钻进去。

因为数学比较差,她每天上课都很紧张,很痛苦,也很自卑,妈妈虽然明白她的痛苦,但也帮不了她。其实,兰兰是一个心气很高的女孩,她不愿服输,为了攻克数学这座高山,她一直在努力。平时,她只要有空就多做几道数学题,有时候,她为了解出一道难题,会学习到很晚,为此,妈妈很心疼她。然而,她的努力并没有提高数学成绩。

初二期中考试结束后,女儿拿着成绩单回来后,就跑进自己的房间大哭起来。看到妈妈进来后,女儿哭着说:"妈妈,我为什么总是考不好,难道我真的不是学数学的料吗?"看到女儿如此伤心,妈妈一边安慰女儿,一边说:"不是的,女儿,我相信你一定可以的。"

为了帮女儿找回自信,妈妈决定帮女儿寻找提高成绩的方法。她向学霸们的家长请教,明白了数学不能死学、硬学,方法不对,付出再多努力也没用。后来,当高中老师的姨妈知道这件事后,分析了兰兰数学成绩一直无法提高的真正原因:做题时,没有抓住题目背后的考点和出题思路,学习也没有规划和方法,因而学习效率比较低。

姨妈告诉兰兰,每道题都有相应的考点,做题时,要快速、准确地找到解题思路,就能很轻松地做出题目了。姨妈根据兰兰的数学学习情况,制订了详细的学习计划,除了巩固和加强基础知识,还要求兰兰每次上课前要主动预习,上课时,要主动思考,掌握解题的思路,同时,解题时,要懂得举一反三,善于总结规律,并且善于利用错题本。

通过几个月的努力,兰兰进步很快,并在初二期末取得了较好的成绩。通过她的努力,兰兰最终如愿考入市重点高中。

孩子偏科,大多是学习方法不正确,由于各门学科在学习方法方面存在一定的差异,很多孩子不知道如何制订科学有效的学习计划,学习时间管理比较差,综合运用能力不足,学习效率不高,导致某门学科成绩较差。尤其是有些孩子本身学习很努力,但是由于学习方法不正确,总是学不好某个科目,使孩子产生恐惧和排斥心理,成绩越来越差,越来越没有自信。

如果是这种情况,家长可以帮孩子分析学不好的真正原因,是因为知识点掌握得不牢固,还是因为不会运用所学知识,找到问题后,再制订相关的学习策略。同时,家长可以让孩子向老师请教,或者向学习好的同学咨询,整理他们好的方法,比如,思维导图可以提高记忆力等,以此来提高学习成绩。

3.2 学习差，帮助孩子寻找原因

孩子学习差，成绩不理想，很多家长都很着急，也很焦虑，他们不知道问题出在了哪里，甚至认为自己的孩子笨。其实，孩子的智商大多都差不多，没有天生就很愚笨的人，就绝大多数孩子的学习习惯和努力程度来说，还远没有到拼智商的程度。所以，孩子学习差，家长首先做的是帮助孩子寻找原因。

一般来说，孩子学习不好，大多是因为没掌握正确的学习方法，或者是学习的习惯不好，这也是为什么有的孩子即使学习很努力，但成绩依然没有提高。所以，如果孩子的学习习惯不好，家长一定要帮孩子及时改正过来。

除了孩子方面的问题外，孩子学习差，问题也有可能出在家长身上。有些家长对孩子期望太高，过于严厉，经常责备、打击孩子，使孩子越来越自卑，没有了自信心，不能正确地评价自己，认为自己很笨，不是学习的料，渐渐对学习失去兴趣，导致学习越来越差。

闺蜜有个儿子叫小豪，上小学四年级。小豪是一个懂事、有礼貌的孩子，就是学习不太好，成绩很差。每次考试，小豪的成绩都是最后几名，闺蜜为此没少大动肝火，经常当着别人的面骂小豪笨，这让小豪抬不起头来，满脸通红，不敢说话。

这段时间，闺蜜要出差，便将小豪托付给我，让我帮忙照看几天。晚上，小豪写作业，我检查他写的作业没有什么问题，题目都是正确的，只不过，他有些反应慢。做数学作业时，他明明会写，却迟迟不敢将答案写上去，总是时不时地看着我，自己拿不定主意，想让我"裁决"。

小豪做完作业，我就问他："你喜欢上学吗？"孩子低着头不说话。看来，他成绩差，闺蜜的责骂，已使他失去了学习的信心。也许他不喜欢上学，更多的是恐惧。

很多时候，孩子学习不好，成绩差，不是孩子贪玩，不认真学习，而是家长教育孩子的方法出现了问题。每个家长都有望子成龙，望女成凤的美好愿望，但他们对孩子的期望和要求过高，经常拿别人家的孩子与自己的孩子作对比，使孩子经常得不到接纳和肯定，无法建立良好的自我认同感和必要的自信，使孩子感到越来越不快乐。

教育孩子时，很多家长都喜欢训斥孩子，使孩子渐渐失去自信，产生自卑心理，甚至怀疑家长不爱自己了。特别是有些家长在公共场合，毫不避讳，对孩子大吼大叫，不给孩子面子，不仅使孩子产生自卑心理，还严重破坏了家长与孩子之间的关系。

每个家长几乎都有唠叨的毛病，只要孩子表现的不如他们所期望的，家长就会不停地唠叨，而这种做法正是孩子最反感的。家长过于唠叨，就会让孩子觉得，家长认为他什么都做不好，使孩子产生厌恶心理，甚至产生很强的叛逆心理，跟家长对着干，让事情变得更加糟糕。

另外，家长的情绪不够稳定，有些家长心情不好，即使不是因为孩子的原因，也总是对孩子愁眉苦脸，孩子自然无法高兴起来，他们也许会想，是不是我惹父母生气了，使他们讨厌我了，或者不爱我了。长此以往，孩子越来越不自信，做事总是犹豫不决，思虑再三，生怕自己做错了事，惹家长不高兴。

当孩子不自信，会认为自己做什么都做不好，自然学习就不好。为了增强孩子的自信，家长不能总唠叨孩子，可以交代孩子做一些力所能及的事。同时，不管自己的心情如何，都要微笑面对孩子。

人无完人，家长要学会接纳孩子的一切，包括他的身体、情感、行为等，不管是孩子的优点和缺点，还是缺陷，或者是孩子犯了错，家长都要尊重孩子的特点和需要，不要将自己的愿望强加给孩子。

对于孩子，家长要多表扬，少批评，以增强孩子的自信。孩子学习不好，要引导孩子找到学习规律，增强孩子的学习能力，与孩子一起学习，辅导孩子的功课，慢慢培养孩子的学习，让孩子爱上学习，逐步提高孩子的成绩。

轩轩上初中，是一个聪明的孩子，做事比较机灵，但他的学习不太好，妈妈也很纳闷，自己的孩子不比别人差，怎么学习就不好呢？后来，妈妈请闺蜜帮忙辅导功课，闺蜜发现，轩轩的思维比较活跃，但注意力不够集中。轩轩做练习时，喜欢东拉西扯，经常提一些不相干的问题。

有些数学题，已告诉他很多遍，还是会出错，而轩轩却毫不在意。但是，只要提起上网、玩游戏，他能聊很长时间。

现在的孩子都很聪明，学习反应很快，有的还是电脑高手、游戏专家，但学习就不行。只要细心观察，我们就可以发现，这些聪明的孩子普通都存在一些共同的弱点，比如，注意力不集中、学习的耐力不够、总想投机取巧、不肯做扎实的基础训练等。

上课时，孩子能否专心听课，将直接决定他成绩的好坏。有的孩子反应比较快，自认为很聪明，在听课的过程中，他们一听就懂，觉得老师讲得太简单，就不再专心听讲。当老师讲到关键知识点时，他早已"身在曹营，心在汉"，自然就没有听到重要的知识，而老师是不可能总是重复这些知识点的，一旦错过，孩子学起来就比较吃力，慢慢地，他们就发现自己听不懂了。

有些孩子上课或写作业时，小动作不断，这是他们注意力不集中的一种表现，一旦养成了这个坏习惯，孩子就会有严重的学习障碍，家长一定要引起重视。另外，有些孩子学习差，可能是学习的耐力不足，他们持续学习的时间较短，很容易受到外界的影响，导致思维常常被中断，大大降低了学习的效率。

学习或写作业时，他们无法集中精力去做一件事，不是站起来去喝水，就是上厕所，或者注意力转向别的地方，他们之所以会这样，是因为他们没有办法进入学习状态，学习的内容无法吸引他们，因而缺少主动学习的兴趣。

有些孩子的确很聪明，老师讲的知识，他们一般很快就能学会，于是，总是要小聪明，不愿意下功夫去学。但他们不知道，学习的过程其实是一个知识和能力不断积累的过程，如果他们没有学习目标，或者目标定得很低，自然无法取得较高的成绩。想要获得好成绩，仅完成作业是不够的，孩子还需要全面、深刻地掌握每个学科的内容，自己的能力才能不断得到提高。

当然，一个人如果不努力，即使天分再高，也很难发挥出他的才能，随着年龄的不断增长，他的天分会逐渐萎缩，最终成为平凡人，一生碌碌无为。反而那些资质平平的人，一直不停地努力奋斗，才能不断长进，最终取得不错的成就。

不主动学习的孩子，大多认为写作业是给老师写的，学习是给家长学的，所以，他们学习时，不求甚解，没有钻研精神，无法体会到学习的乐趣。由于是被动学习，他们的学习效率很低。

主动学习，因为是用心去学，所以一遍就能学会；而被动学习，由于是被逼着去学，所以并没有用心去学，很简单的东西也要很多遍才学会。其实，这无形中会增加学习的时间，于是，他们就陷入了越想下功夫，花的时间越多的恶性循环中。久而久之，他们会觉得学习很枯燥，失去学习兴趣，学习越来越吃力，成绩也就越来越差，自然学习比较差。

孩子学习差，家长需要帮助孩子寻找原因，并和孩子一起商量解决问题的办法，这样，孩子才能提高学习成绩，变得越来越优秀。

3.3 考砸了，家长的态度很重要

每当学校进行考试，孩子们都会为考试结果而担心，尤其是临考前，家长拿奖励来鼓励他们，无形中会增加他们的压力。对于孩子来说，考得好，可以拿到家长们的奖励，考得不好，轻则被家长责备，重则挨一顿打。

作为家长，远比孩子想得多，他们看重考试的结果，是因为担心孩子由于学习不好，将来无法在社会中生存，所以才会变得如此焦虑。但家长却不知道，孩子更不愿意面对糟糕的成绩单，无法承受考试失败。

当他们还未来得及平复自己考砸的心情时，家长们又"落井下石"，这会让孩子更加难受，甚至畏惧学习。实际上，孩子考砸了，原因大多不在考试上，而是在考前的学习上。由于考前没有学好，导致考砸了。所以，家长不能只看成绩，一味地指责孩子，要和孩子一起找出考砸的真正原因，帮助孩子及时改正，以免问题越来越多。

小雷是四年级的学生，上周班里进行了一次期末前的测验。这周，小雷将测验的试卷递给妈妈，让妈妈签字。

当妈妈打开卷子一看，气得妈妈直发抖，拿着试卷给爸爸看："你看看小雷的数学题，两位数的加减乘除，总共才二十道题，小雷竟然错了16道！天哪，我体内的洪荒之力如何控制得住，必须打他，这次必须打他！"

爸爸见状，赶紧劝妈妈，妈妈摁着自己的胸膛，告诉自己："冷静，冷静，我一定要冷静，他是我亲生的，亲生的……"过了一会，小雷怯生生地走过来，很小声地说："妈妈，我饿了。"

一看到小雷，妈妈立刻大吼大叫道："你考成这样，还想吃饭？没打你一顿就很不错了。"听了这话，小雷吓得赶紧跑回自己的房间。

每当出成绩单的时候，不管是家长，还是孩子，都很焦虑。虽然，家长已经做好心理准备，但在看到孩子成绩的那刻，很多家长都无法忍住自己的脾气。孩子没有考好，很多家长都认为，自己比孩子还难受，因为担心孩子的前程，同时，也怕自己没有面子。甚至有的家长认为，自己急得像热锅上的蚂蚁，孩子却无动于衷。

其实，家长误会了孩子。当考试失利时，孩子的内心是很难受的。青春期的孩子，从表面上来看，他们好像表现得满不在乎，其实他们是为了掩饰自己内心的害怕、恐惧和愧疚，他们比家长还要在意自己的成绩。考试考砸了，他们永远是最难过、最着急的那个。

孩子考试没有考好，这是一个正常现象，我们作为父母，从小到大也是经历过大大小小数不清的考试，他们的心情，我们也同样经历过。所以，如果孩子考砸了，家长要学会接纳孩子，温柔理智地面对。

家长不要暴怒、恐吓孩子，不能责骂孩子，也不能表现出失望痛心的样子，以免你的情绪感染孩子，增加孩子的心理负担，更不能讽刺挖苦孩子，以免孩子失去信心，或者产生逆反心理。在这个时候，家长要保持冷静，并告诉孩子，在学习中遇到的问题，我们可以通过努力来解决。

家长要帮孩子树立正确的考试观，让孩子明白，考试是检查自己学习效果的手段。在刚开始学习时，学习会有一个很大的飞跃，但达到一定水平后，学习就会处于停止不前的状态，在心理学上，这叫做"学习的高原状态"。只要孩子每天都努力学习，一直坚持下去，等到渡过这一过程，孩子的学习就会有显著的提高。家长应该让孩子明白，通过长期的努力，才会考出一个好成绩。

孩子考试没有考好，原因有很多，比如，基础知识学得不扎实、怯场、身体不适等，我们一定要帮孩子找到考砸的真正原因，再对症下药，帮助孩子补缺补差。在这个过程中，家长一定要有足够的耐心，要细心观察孩子，如果孩子很努力地去学习，家长要及时夸奖他，并与孩子一起分享他的每一次进步。

小涛上初二，这次期末考试考砸了，爸爸知道成绩后，对小涛一通指责："我的老脸都快被你丢光了！"爸爸之所以这样生气，是因为当初自己付出大量的时间和精力，辅导孩子学习，结果一无所获，自然难以接受。

小涛是一个聪明、懂事的孩子，他一直很努力地学习，想让父母为他感到骄傲，刚上初中，他就决心考个好高中，为父母争光。但没想到这次考砸了，原本他就很伤心，没想到爸爸责备了他，使他很崩溃，情不自禁地流泪。

后来，妈妈决定与小涛聊聊。妈妈对他说："小涛，你爸爸脾气不太好，我希望你能原谅他，毕竟他也是爱之深责之切，我和你爸爸都是普通人，没有人脉，也没有多少钱，唯一能为你做的就是供你读书。我们都希望你通过读书，考上一个好大学，以后找个好工作。我知道你读书也辛苦，但你要知道，读书不是为我们，而是为你自己。"

接着，妈妈又对他说："这次没考好，没有关系，我们再次努力，争取下次考个好成绩。"小涛看着妈妈，点了点头。然后，妈妈对他说："你把卷子拿过来，我们一起分析试卷，看看你为什么出错，好不好？"小涛回答："好"。

妈妈发现小涛的基础知识掌握得不太好，同时，也不会归纳总结知识点。找到这个原因后，妈妈为小涛制订了相关的学习方案。经过一段时间的努力，小涛上初三时，取得了优异的成绩。而爸爸看到小涛的改变，也十分后悔当初对他说出那样的话，便向儿子道歉，请求他的原谅。

孩子考砸了，家长立刻谴责、辱骂孩子，会让孩子认为，家长更看重成绩，重视结果，胜过爱自己，会让孩子误认为，只有自己变得更好，父母才会爱我。其实，孩子没考好，最需要的就是家长的宽容，能耐心倾听他们的想法，接纳他们的负面情绪，帮助他们查找没考好的原因。

所以，面对孩子的成绩，家长要有一颗包容之心，不能只看结果，因为孩子努力的过程远比考试结果重要得多。孩子考砸了，本来就很难过，家长理应安慰并鼓励孩子，同时，要肯定孩子的优点，与孩子分析错误，总结经验。对于孩子来说，成绩并不是最终的结果，而养成总结经验的习惯，才是他们最重要的事情。

当我们看到孩子的成绩，不能急于批评孩子，要让孩子学会从错题中分析原因，找到问题的真正原因，养成归纳总结的习惯，才能有针对性地提高孩子的能力。在孩子的成长过程中，家长不要过于看重分数，别让成绩成为孩子内心的包袱。同时，家长要告诉孩子，努力考试不是只为了分数，而是给人生多一种可能。

3.4　学习有计划，成绩一定差不了

俗话说"业精于勤，荒于嬉"，为了不让孩子荒废学业，浪费时间，必须要做计划。但很多孩子虽然制订了近乎完美的计划，但坚持下去的没有几个，于是，学习计划泡汤了。

为了提高学习效率，取得良好的学习成绩，我们要根据孩子的具体情况，制订科学的学习计划，并敦促孩子执行下去，这是每个家长应该承担的责任。

小萌马上就要中考了，他的学习成绩在班里属于中上游。如果他想考上重点中学，还需要再努力一把，才有比较大的把握。

小萌是一个比较懂事的孩子，尤其是上初三以后，她常常很早就起床，学习一会儿，晚上放学，吃完饭就去学习，经常学到十一、二点，家里人都睡觉了，她还在看书。最近，班里进行了两次模拟考试，她的成绩没有得到上升，反而下降了不少。妈妈很着急，不知道问题出在了什么地方？

后来，她把困惑告诉了一位育儿经验比较丰富的同事，经过交谈，同事发现，她家孩子的学习随意性较大，没有计划。虽然，小萌学习比较努力，也很辛苦，但她在学习时，一会儿做几道数学习题，遇到难题，就看英语书，稍微有些难理解，就又换本物理书看。结果，一晚上，她看起来很忙，但每科都只看了几眼，并没有深入学习，所以收获很少。

学习没有计划，孩子学习时会散漫疏懒，松松垮垮的，不知道从哪开始着手，才容易受到外界的影响。所以，无论什么事，我们都要帮助孩子养成制订计划的好习惯，有了计划，才容易获得好的结果。计划是实现目标的蓝图，学习有了计划，不仅能提高学习效率，还能达成目标。

在制订学习计划时，我们除了学习，应当还有娱乐时间、休息时间等，同时，我们还要帮孩子进行自我分析，每个孩子的学习特点不同，有的孩子理解能力强，老师只要说一遍，他就听懂了，学会了；有的孩子记忆好，学过的知识不容易忘记。所以，我们要了解孩子接受知识的特点，根据孩子的优势，制订学习计划。另外，我们还要分析孩子的学习现状，在班级里，孩子的成绩处于什么位置，与过去比，孩子是进步了，还是退步，以此来评价孩子的学习状况。

我们需要明确孩子的学习目标，这是孩子学习努力的方向。设置学习目标时，不能定得太高，以免增加孩子的心理压力，但也不能定得过低，以免起不到激励的作用。学习目标要适当，要明确、具体、稍微难一些，比如，某个学期或某个月，我们需要解决哪些问题，再细致到第一星期做什么，每天做什么，可以把重要的任务安排到每周、每天去完成，使目标能够逐渐得到实现。

有了学习目标和学习计划后，我们就要合理安排好孩子的常规学习时间和自由学习时间，帮助孩子达到制订好的学习计划和目标。其中，常规学习时间是指孩子完成学校老师布置的家庭作业的时间，而自由学习时间就是完成学校老师布置的学习任务后，剩下的时间都可以由孩子去安排。在自由学习时间里，我们可以弥补学习上的欠缺，也可以发展自己的学习优势或特长。有了学习计划后，相信孩子的学习一定会有明显的进步，学习更轻松、快乐。

娜娜是一个爱学习的六年级学生，她知道学习计划的重要性，所以，根据自己的学习目标，她制订了一份很详细的学习计划。可是，她仅执行了一个星期就执行不下去了。

很多时候，她并不是忘记了要做的事，而是总觉得自己有很多时间，就想留到明天做。自从有了这样的想法，她渐渐地就什么也不想做了，定下的计划也放在了一边。面对这样的情况，她常常感到困惑，觉得定下的计划很难实现，担心自己这样下去，不仅无法提高学习成绩，还变得越来越懒惰。

很多人都有这样的体会：制订计划容易，但执行计划比较难。孩子经常是很有自信地定下一个计划，但没过几天就执行不下去了，于是，辛苦制订的计划就被搁置一边了。其实，做计划只是第一步，只有严格按照计划去做，才能赢在起跑线。

很多孩子在制订学习计划时，容易犯的错误就是虽然列了要做的事情，但没有明确规定每件事需要完成的时间，也没有规划好每件事完成的先后顺序。这样，事情一旦多了起来，孩子就容易手忙脚乱，不知道该做什么好了。

每个科目都想做，但每科安排的时间较少，具体执行时，孩子就会发现，在规定的时间内根本做不完。于是，孩子就会发现，自己刚进入学习状态，就被下一个计划打乱了，自然，学习效果比较差。

另外，有些孩子做计划时，将时间安排得太满，没有留出一点空余的时间，一旦一件事情做不好，就有可能会影响整个计划。还有就是很多孩子做计划，只是计划，总是喜欢拖，想着明天再执行，最后都不知道拖到什么时候了。

为了改变这种状况，孩子需要根据自己的具体情况，做好学习计划。在执行计划时，为了确保计划的落实，孩子在实践过程中，要对计划的实时状况进行定期自我检察和自我督促。我们可以制订一个计划表，每当完成一个项目，就在该项目上打个勾；如果孩子们没有完成计划中规定的任务，就要及时查找原因，再想出解决这个问题的办法，以确保计划的全面落实。

如果孩子的学习基础不太好，开始执行学习计划时，很可能会觉得时间不够用。这个时候，我们可以占用一些娱乐和休息的时间，以确保计划能够按时完成。当然，孩子若想改变与他人学习上的差距，就应有争分夺秒的精神，尽量挤出时间学习，并努力提高自己的学习效率。

制订学习计划时，目标不要定得过高，也不要有急于求成的心理，以免因目标没有实现而灰心丧气。所以，要从小目标开始，不仅容易实现，还能增加自己的自信心。当计划实施一段时间后，我们还可以根据具体的学习情况，对原计划做一些改变，以便更好地促进学习。

"无预则事不立"，从这句话不难看出，学习计划很重要。家长在指导孩子制订学习计划时，一定要监督孩子执行，如果孩子有薄弱的科目，在时间上就要有倾斜，不能有主次之分，通过合理的学习计划，坚持落实每一个计划，一步一个脚印，相信孩子在学习上会有明显的变化。

3.5 特长，一定要有自己的强项

孩子上小学后，几乎每个家长对特长班都有很多话要说，有些家长认为，让孩子学特长，既花钱又占时间，还剥夺了孩子本该快乐的童年，但如果不让孩子上特长班，看着身边的孩子多才多艺，家长又不淡定了。实际上，家长如此矛盾，主要是因为没弄清楚让孩子学特长的目的。

就孩子而言，特长最大的作用就是，展示自己的才能，获得自信和成就感，同时，在坚持学习特长过程中，孩子修炼了各种能力，比如，耐心、自律等。所以，家长需要告诉孩子，一定要有自己的强项，上特长班，不是为了学一门技能与知识，也不是为了考级，而是为了让孩子拥有生存能力。

乐乐上四年级时，妈妈认为，孩子上特长班没什么用，只要好好学习就行了，加上这几年比较提倡给孩子减负，给孩子一个快乐的童年，她妈妈就觉得不让乐乐上特长班这个决定是最正确的。

刚开始，乐乐还挺开心，放假时，乐乐写完作业，就在家看看电视，有时候会去朋友家玩，有时候会去公园或游乐场玩。直到有一次，班里开展了一项才艺大比拼的活动，在这次活动中，有的同学唱歌，有的同学跳舞，还有的同学展示自己画的画……同学们多才多艺，而乐乐什么特长也没有，只能当观众，这让乐乐很受伤。

回到家后，乐乐闷闷不乐地坐在沙发上，妈妈问她："你怎么了？是不是哪里不舒服？"乐乐说："妈妈，我没事，我想上绘画班，我喜欢画画。"其实，乐乐从小就对画画感兴趣，只是，妈妈觉得她还小，不想给她太大压力，就一直没送她去学，没想到，孩子现在自己提出来了。

妈妈原以为不送孩子去特长班，是为了孩子好，却忘记了孩子也有自己的兴趣爱好，也许有时候，他们会看到大家都有自己的一项特长，而自己什么也不会，会感到很自卑。

家长最大的不幸是，认为自己的孩子不是学某项技能的料，而放弃对他的培养。其实，我们只能看到孩子对某方面具有天赋，却看不到他有什么特长。没有哪个孩子天生就有特长，都是家长们通过后天培养出来的。

很多家长不明白特长和天分的区别，有些人生来就具有艺术天分，比如，莫扎特，他从小就有音乐天赋，但他的钢琴却是后天培养的。有些家长并不明白让孩子学习特长的目的，就想给孩子自由，其实是家长害怕麻烦，就放弃培养孩子一门特长的机会，这样会耽误孩子。

培养孩子一门特长，不是为了让孩子学什么东西，而是为了培养孩子一种生活能力。学习一种特长不是培养目的，而是培养手段。所以，并不是孩子学的特长越多，他的竞争力就越强，而是在培养孩子拥有一技之长时，培养孩子抗挫折的能力、战胜不良情绪、提高做事的毅力等做人的优良品质。

一个人能够获得成功，并不是要具有某项特长，而是要具有某种成功的素质，而这种素质其实是可以从孩子的特长开始培养的，当然，也离不开家长的自我约束能力和严格要求。如果家长都没有自控能力，自然培养不出一个有自控能力的孩子。

有些家长觉得孩子太累了，想给孩子一个快乐的童年，给予他们自由，让他们快乐玩耍，家长这种放任的教育方式，其实是家长的自我懈怠。教育孩子，我们应该采取一种外松内紧的方法，既可以放任孩子的天真行为，又不能完全放任孩子的思想教育。

有些家长只抓孩子的学习，不注重孩子的思想教育，看上去挺严格的，实则是对孩子的一种放任。如果孩子的思想被教育的很好，那么，家长无需担心他的学习以及与人际关系交往能力，因为他懂得控制自己，合理地管理好时间。

家长不能只注重孩子才华的培养，也要重视孩子内在魅力的培养。我们可以根据孩子的特点和兴趣爱好，找一个能充分发挥他天赋的特长，比如，孩子喜欢画画，家长可以培养孩子的绘画等。家长需要明白，培养孩子的特长，不是为了让他成为某一项特长的专家，而是让他拥有发现美以及生存的能力。

姗姗上小学的时候，大家放学都在小区里玩游戏，只有她还需要去学书法，很晚才回家。为此，她没少跟妈妈抱怨。后来，妈妈又为她报了小提琴和舞蹈班，有时候，她练得很累，就向妈妈请求，能不能少报一个班，妈妈说什么都没有答应她，年复一年地坚持送她去学。

后来，姗姗渐渐地习惯了，没觉得那么辛苦了。虽然，她没有玩耍的时间，但每当自己练好了一首曲子，或者学会了一个舞蹈动作时，她就很有成就感。等她长大了，仅靠小提琴这项技能就足够养活自己了，而且因为从小有练舞的经历，使她不仅有优美的身姿，还锻炼了她不怕吃苦的精神。

姗姗的小提琴有十级，学会了芭蕾舞，还练得一手好字，所以，在学生时代，她就很受老师们的喜爱，工作以后，更是如鱼得水。因此，她很感谢自己的妈妈，如果妈妈当年不逼她一把，就没有如今的她，她很感谢妈妈的"铁石心肠"。

学习特长时，很多孩子学着学着就不想继续学下去了。这个时候，有些家长认为，孩子既然学得这么痛苦，也不想坚持学了，就尊重他的意见，放弃了。其实，当孩子不想坚持，家长纵容孩子放弃，孩子未必真的会不痛苦。

因为孩子都比较任性，他们往往比较情绪化，都有一段从喜欢到不喜欢的阶段，作为家长不能放弃监督的责任，纵容孩子轻易放弃。因为孩子一旦养成想放弃就放弃的习惯，将来遇到问题，他很容易会选择逃避。

不管孩子学什么，都是需要花费时间，付出努力的，没有谁随随便便就能成功，孩子学特长的过程中，考验的不仅是坚持，还有家长对时间的掌握能力，这也是孩子必须要掌握的一项技能。

所有的学习都需要一种态度，蔡康永曾经说过这么一段话：15岁觉得游泳难，放弃游泳，到18岁遇到一个你喜欢的人约你去游泳，你只好说"我不会耶"；18岁觉得英文难，放弃英文，28岁出现一个很棒但要会英文的工作，你还是只好说"我不会耶"。

孩子小的时候，嫌麻烦，懒得去学特长，长大后，极有可能会错过很多令人动心的人和事，也会错过更美的风景。很多时候，我们看到别人拥有一项才艺技能，心中无比羡慕，就会想如果我也会就好了，但为什么小时候没学呢？如果家长曾有过这样后悔的心情，那么，就不要让孩子长大也有这样的心情。

每个孩子天生都带有至少一个技能，如果这个技能没有被发现，孩子的天赋特长就会被淹没，如果家长将孩子这个天赋激发出来了，那么，孩子就会充满自信，拥有成就感，激励着自己不断向前发展。

其实，无论学哪种特长，都是为了自己拥有更多的选择权。家长要明白，我们让孩子学什么东西，并不仅仅是为了让孩子拥有一技之长，或一张文凭，而是为了培养孩子一种未来能更好地享受生活的能力。

3.6 报课外班，要看孩子的意愿和状况

家长们聚在一起谈论最多的话题，恐怕就是"课外班"了，几乎没有一个家长不头疼这个问题的。在生活中，很多家长一看到身边的人为孩子报了很多课外班，就开始不淡定了，也四处为孩子报课外班，深怕孩子不学，就落后于他人。

一般来说，课外班可以分为两种：一种是与学校学习关系的，比如英语、数学、语文等，这类课外班可以起到提高孩子学习成绩的作用；还有一种是各种才艺班，比如、跳舞、钢琴、画画等，这种才艺益智类的课外班可以让孩子有一技之长，使孩子变得更自信。

有些家长报课外班，不顾孩子的感受，强迫孩子上课外班，或者给孩子报很多班，使孩子没有了娱乐的时间，剥夺了孩子的快乐。其实，家长这样做，不但起不到任何效果，反而让孩子产生厌恶心理。所以，家长报课外班，还是要看孩子的意愿和状况，再做决定。

婷婷是一名五年级的学生，妈妈给她报了很多课外班，课余时间基本上都排满了。周一到周五分别有钢琴、尤克里里、英语、声乐、奥数，而周六和周日有舞蹈、作文等。如此多的课程，使婷婷有些不堪重负，经常生病。

上课时，婷婷的目光有些呆滞，经常打哈欠，学习成绩在班里处于中

等。有时候，她说话特别像个大人，经常对同学说："我是数学学渣，你们不了解我有多痛苦，上奥数班时，别人都能回答对问题，而我却回答不上来，你们不知道我当时有多尴尬。"

后来，老师得知婷婷报了很多班，就问她："如果周末没有课外班，你最想做什么？"，婷婷告诉老师："我最想做的事就是睡觉，睡醒了看会电视。"老师又问她："如果你还有些时间，还想做什么？"婷婷说："如果有时间，我想画画，或者做手工。"

通过与婷婷聊天，老师突然明白，婷婷经常生病，或许与课外班有关系，因为她报的课外班太多，没有时间休息，也没有时间进行体育锻炼。后来，老师与婷婷妈妈进行沟通，她将婷婷的想法告诉了妈妈。妈妈知道后，在尊重婷婷的意愿下，只保留了尤克里里和舞蹈班。虽然，课外班减少了，但婷婷的成绩并没有受到影响，而且很少生病了。

孩子是存在天赋的差别，但绝大多数的孩子并没有努力到要拼智商的时候。除了孩子的天赋外，家长的引导极为重要。现实生活中，当孩子学习成绩不好了，家长就想给孩子报个课外班补补，不管孩子愿不愿意，为孩子报了很多班，孩子的学习成绩没有得到提升，身体健康却出现了问题。

其实，只要家长多想想办法，让孩子认真听讲，做好每节课的作业，有时间就让孩子及时复习学过的知识，多与学校老师进行沟通，做到这些，基本上就可以了。对于小学阶段的孩子，家长应该多关注孩子的自我管理能力，多培养孩子的良好习惯和品格。进入中学后，至于报不报班，家长可以看孩子的学习情况来定，而不应看别人报多少班而定。

由于教育资源参差不齐，而孩子需求多样，课外班确实可以弥补学校资源方面的不足。家长在为孩子报课外班时，要根据孩子的实际情况，考虑报的班是否可以为孩子解决实际的问题，然后再做选择。当然，我们要尊重孩子的天赋，尊重孩子的兴趣，只有他们真心喜欢，才能学有所成。

如今，有很多辅导班，也有很多培训老师，只要家长用心寻找，总能找到适合自己孩子的辅导班，而不是听别人说哪个辅导班好，就跟着学。

最后，孩子学了几年就不喜欢了，也没有学出什么来，家长就开始怪辅导班以及老师。

其实，家长刚开始选择时，就没有将主动权掌握好，抱怨是没有用的。所以，家长在选择课外班时，一定要选择大型、口碑好的辅导班，因为他们的师资力量比较雄厚，老师们的教学能力比较强，生源较为稳定，有利于孩子的长期学习。

平平是一个六年级的学生，他是一个自我管理能力很强的孩子，爸爸妈妈很关心他的学习成绩。尤其是爸爸，为了提高他的学习成绩，考入重点中学，向老师交流，要不要给孩子报个课外班，老师建议爸爸不用给平平报任何班，爸爸最终接受了这个意见。后来，平平顺利考入一所重点中学。

有一次，爸爸在大街上遇到了那位老师，两个人很开心地聊了起来。在聊天中，爸爸告诉老师，当年接受了老师的意见，没有让平平报任何课外班，但他现在的同桌小升初时，光数学就报了三个班。

平时，做数学练习题时，同桌做题的速度很快。老师发了三页数学练习题，同桌不一会就做完了，而平平才开始做第二页，让平平压力很大。没想到，班里进行的几次考试，平平的数学每次都是第一，而他同桌的成绩离他差得较远。

对此，爸爸感到十分困惑，就向老师咨询，为什么会这样？老师就给他举了一个例子，孩子刚开始学走路，你就嫌他走得没有别人快，你将孩子抱到椅子上，推着他跑。虽然，变快了，但孩子还是不会走路，如果你一直推着他走，他永远也学不会走路，因为你剥夺了让他自己学走路的机会。

这个道理放在学习上也是一样，只有孩子自己学会了独立思考，有了自学的能力，才能提高学习成绩，他以后才能走得更快、更好。听了老师的话，爸爸终于明白了。

利用好课外班，它可以为孩子答疑解惑，利用不好课外班，会削弱孩子的自学能力。面对一道难题，孩子独立思考了很长时间，可能都没解答出来，但这并不代表他没有收获。因为在思考的过程中，孩子不仅锻炼了思维，还提升了能力，但是，一道难题如果放在课外班，孩子无须思考，老师就直接给出答案，孩子也只是记住了答案，没有思考，没有经过思维的处理，能力也不会得到提升。

为了学好某学科，家长为孩子报了很多班，同类的题在不同的班上重复出现，孩子也只是凭借自己的记忆，记住了题的答案，他们的分析能力是没有得到提升的。在做同类的题时，孩子就将储存在记忆中的答案写出来。所以，平时，他们做题很快，但当考试的时候，只要遇到他们平时没有做过的题，他们的分析能力不足，这个缺点就显露出来了。

孩子报的课外班越多，其依赖性越强。在短期内，孩子凭记忆，成绩可能会有一点上升，但学习若完全依赖课外班，时间长了，孩子就不会独立思考了。所以，课外班并非报得越多越好，而是要少而精，给孩子更多的时间，他们才会有时间和精力提高自我练习能力。

在课外班里，我们可以看到，有的孩子自我管理能力很强；有的孩子自我管理能力较弱，但家长管理约束时，还比较有效果，这种孩子在生活中很常见；还有的孩子自我管理能力弱，即使家长管也管不了。

一般来说，自我管理能力强和自我管理能力弱且家长管理有效的孩子，只要认准一个班，好好将学习的知识研究透了，不断提升自己的自我学习能力，升入中学时，大多都是学校里的风云人物，自我管理越强，进入中学后，学习成绩越好。

对于自我管理能力弱且家长管不住的孩子，很多家长都认为，给孩子多报几个班，让老师看着他，能学多少是多少，家长大多只是寻求一点心理安慰，这并不是一个解决问题的好办法。

如果孩子的知识有欠缺，跟不上老师的节奏，家长可以为孩子报课外班，但不能完全依赖课外班。有些自我管理能力和自学能力比较强的孩子，若能利用课外班老师的智慧，去提升自己的能力，课外班也是有一定的帮助的，但家长一定要注意，不能选择那些只为你提供答案的课外班。

第4章

会处事,让孩子拥有好人缘

良好的人际交往能力是一个人是否成功的一个必要条件,孩子天生就是"人际大师",与学习文化课一样,这项本领也是需要不断学习的。所以,家长要多鼓励孩子交友,与不同类型的人交往,才能提高孩子的人际交往能力,未来才会具备生存竞争力。会处事,孩子才会拥有好人缘,长大也能较快地适应社会,更容易抵达成功的彼岸。

4.1 告诉孩子，不要太在意别人的话

每个家长都想自己的孩子能够快乐、健康地成长，但孩子总有一天要去外面的世界，与形形色色的人进行交往，这就无法避免他人对孩子的行为做出一定的评价。这些评价有积极正面的，也有消极负面的。对于别人的负面评价，孩子难免会心情低落，这是很正常的事情。

作为成年人，我们绝大多数的人尚且无法做到不在意别人的话，掌握不好自己的心情因别人的看法而受影响的那个度，更何况孩子。如果孩子过于在意别人的看法和评价，甚至影响了自己的生活和成长，家长不能放任不管，要对孩子进行引导，教孩子正确对待别人的评价，正确评价自己，不要太在意别人的话。

女儿上四年级后，妈妈发现，她最近很在意别人对她的评价。若有人夸奖她，她就高兴得不得了，听到别人一些不好的评价，她就会郁郁寡欢。虽然，妈妈告诉她，不要太在意别人的话，但她好像没有听进去。

有一次，妈妈给女儿买了一件红色的衣服。第二天，女儿就穿着那件衣服，高高兴兴地去上学。中午回来的时候，女儿就脱掉那件衣服，下午上学换了件衣服。妈妈问她："你怎么不穿新买的衣服了？"女儿说："朋友们都说我那件衣服不好，我也觉得不好看，我再也不想穿那件衣服了！"

随着孩子的不断长大，他们开始在意别人对自己的评价和看法。由于

他们的思维能力有限，缺乏一定的分析和判断是非的能力，他们就会以他人的标准来评判自己的行为。当他的某种行为受到别人的认可和赞扬时，或者让老师和家长感到高兴的，他们就会向这种好的行为去做。但当他们了解到自己的某种行为会受到责备或惩罚时，他们就会尽量避免，自然就比较在意他人的看法和评价。

如果孩子太在意别人的看法和评价，家长没有及时引导孩子，孩子就可能因为过于在乎他人的看法而忽略自己的感受，凡事都听别人的。由于孩子的自信心不足，而自尊心又强，就会拥有很强的自卫意识，听不进别人的批评意见，甚至会将别人好心的提醒视为对自己的攻击，对别人的评价尤为敏感。

一般来说，孩子很在意别人的看法，与家长的态度有很大的关系，如果家长对孩子的期望过高，这无形中会增加孩子的压力，孩子害怕自己做不好，惹家长生气，不喜欢自己，做事就比较小心谨慎，很在意别人对自己的看法。

想要改变这种情况，家长要接纳孩子，支持和理解孩子，多鼓励和赞赏孩子，增加孩子的自信和自我认同。同时，家长要帮助孩子接纳自己，学会正确评价自己，认可自己的价值，才能接受自己本来的样子，不活在别人的眼光中。

家长要谨慎评价孩子，帮助孩子学会接受客观的评价。家长需要让孩子知道，哪些评价是客观的、符合事实的，让孩子接受，比如，做题粗心、丢三落四等，让孩子认识到自己的不足，改掉不良习惯，使自己变得越来越好。

同时，家长还要引导孩子正确对待他人的评价，对于那些错误的、恶意的评价，比如，某人因嫉妒孩子跳舞好，可能会在别的方面打击孩子，说孩子笨、蠢等，家长要告诉孩子，这些评价可以不用理会。

女儿上初三时，为了让女儿考上重点高中，我给女儿换了一所好学校。面对众多学霸，原本名列前茅的女儿一下子就显得不再突出，加上繁重的学习任务，与新老师、同学们的交流沟通，使她倍感压力。在这段时间，女儿几乎每天都回家向我倾诉，很在意别人的评价和看法。

有一次，女儿放学回家，一进门就表现出一副不高兴的样子，我问她怎么了，女儿委屈地要落下泪，说："妈妈，我今天取下眼镜，被同桌看见了，他取笑我，说我眼睛很肿，个子高得像个巨人，我是不是长得很丑？"

妈妈温柔地对女儿说："女儿，别人这样说，你就觉得自己长的不好看了？"女儿回答道："嗯，我觉得别人比我腿细，皮肤又白又干净，又没有戴眼镜，个个都比我长得好看。"虽然，女儿眼睛近视，个子高，这都是事实，但女儿的腿比较长，拥有一张鹅蛋脸，也不至于难看。看到女儿如此郁闷，可见，她有多在意别人对她的看法。

有时候，脸上长了一颗小小的青春痘，女儿都郁闷很多天，更何况别人对她的一些看法了。为了让女儿明白，别人的评价只是别人的想法，不一定别人说的话就是对的，我就问她："你很喜欢吃汉堡，觉得它很好吃，但在妈妈看来，它没有任何营养价值，对吗？"女儿点点头。

我接着说："咱们是母女俩，对汉堡的看法都是不一样的，汉堡到底好不好，我们喜欢或不喜欢，都只是凭我们自己的某种感觉得出来的，不一定是正确的。那么，同样的道理，别人对你的看法和评价也是如此，面对同一件事，不同的人有不同的评价和看法，他们大多都是凭自己的感觉经验而得出的，跟你本来的样子，与你自身的好坏其实是没有多大关系的。"

我继续说道："你喜欢吃汉堡，认为它好吃，但这并不代表它自己的想法。如果它很喜欢自己，也认为自己很好吃，倘若有人说它不好吃，它会怎么想？"女儿快速回答道："怎么这么没眼光，我怎么会不好吃呢？"我继续询问女儿："那汉堡会难过吗？会担心别人看不起自己吗？"女儿回应道："不会。"

我又继续问："那如果汉堡也不喜欢自己，认为自己本来就很难吃，当别人说它不好吃时，它会怎么想？"女儿愣了一下说："它更会认为自己是不好吃的。"我说："你看，只有汉堡自己认为自己不好吃的时候，别人说它不好，他才会觉得自己不好吃，才有可能会难过。当它认为自己很好时，别人说它不好，它才不会在乎，更不会伤心、难过。"

我看着女儿说："那么，你发现了什么？"女儿想了想，说："当我觉得自己不够好的时候，别人说了什么话，我就会觉得别人也这么看待我的。"妈妈听了女儿的话，感到很欣慰，笑着说："你的悟性真高，所以，别人的评价和看法，我们可以当作提醒和参考。根据自己的长相和学习成绩，你觉得自己很差吗？"

女儿回答得非常干脆："我觉得自己还不错！"妈妈笑着说："进入新的环境，面对新的老师和同学，难免会遇到一些困难，这都是正常的，你要相信自己，喜欢自己，继续加油努力！相信你很快就能克服的，对不对？""嗯！"女儿终于露出了笑脸。

当孩子渐渐长大，进入青春期后，他们的自信心会受到打压，总担心自己不够好，不够优秀，害怕被别人看不起，不被人喜欢。当别人说了某些触及他心里这种感觉的话时，他就会变得更加敏感和介意。这其实就是"青春期在意形象综合征"，在这个时期，孩子正在形成自己的身份感和自我同一性，他们非常在乎权威与同伴的看法和评价。

进入青春期的孩子，他们还不清楚自己是谁，同伴对自己的看法是什么，自我认识比较混乱，使得他们很在意别人对自己的看法。同时，他们还不能从众人的思想和感情中，区分出哪些是自己的思想和感情，哪些是别人的思想和感情。所以，当同伴说了什么话，他就会接纳别人对自己的评价，认为自己是不好的，丑的。

如果孩子十分在意别人的看法和评价，家长就要多与孩子沟通，通过各种方式帮助孩子对自己有一个正确的认识，明白"我是谁"，将来会成为什么样的人，对人生有什么样的目标、价值等。只有孩子有足够的能力从同伴群体中分离出来，才能对自己的个体统一性越来越清晰，对自我的认知也会越来越明确。

那时，孩子就会知道，每个人欣赏美的角度不同，观点不同，只有自己相信自己，认可自己，才不会因为别人的评价而觉得自己不好，更不会因为别人的否定与质疑，认为自己变得不好。所以，家长要多陪伴孩子，多给予他一些鼓励与肯定，多给他一些时间和空间，让他慢慢成长。

4.2 鼓励孩子多交友，扩大朋友圈

每个孩子都渴望有朋友，需要友情，尤其是孩子上学后，绝对不能缺少友情的滋养，否则，孩子就会出现一些情感障碍，比如，孤僻、多愁善感等。所以，家长要鼓励孩子多交友，扩大朋友圈。

家长可以欢迎孩子的小伙伴到家里来做客，并热情招待他们。不过，家长要多与孩子谈论朋友的长处，教孩子不能总盯着别人的短处，以免无法与小伙伴更好地相处，无法提高自己的人际交往能力。

每当看到同学们互相约定一起做什么事的时候，小倩就很难过，因为她也想让同学到家里玩。可是，爸爸妈妈不欢迎，也不愿意同学到家里来玩。他们并不是因为家庭条件不好，怕被同学笑话，而是有别的原因。

有一次，她没有告诉妈妈就将同学叫到家里，大家一起写作业，写完作业，玩游戏，当时，妈妈并没有说什么。但是，同学们走了以后，妈妈就开始责备她："你看，你同学一点规矩也没有，在咱们家，看看这，摸摸那，就像没见过世面似的！"

妈妈还向她抱怨，其中一个同学不会弹钢琴，在那里瞎按，她还生气地说："如果他们弄坏了家里的贵重物品怎么办？他们赔得起吗？"从那以后，小倩再也不敢让同学到家里来了，同时，她也不好意思去同学家里了。由于缺少与同学更多的接触机会，她与同学之间的关系越来越疏远，

这让她感到很难过、不安。

其实，家长不允许孩子带小伙伴到家中玩，这种做法有些得不偿失，因为孩子总有一天要走向社会，要独立生活，他们想要在社会上生存和发展，就必须学会与人交往、与人合作。通过与他人交往，孩子才能逐渐建立自己的是非观，与人相处遇到的各种问题，会促使他们寻找解决问题的方法和途径，学会调整自己的情绪，处理好自己和他人之间的关系。

家长要鼓励孩子多交友，与不同性格的孩子进行交往，这样不但可以培养孩子的兴趣和分析能力，还能培养孩子的语言表达能力和自我判断能力。如果孩子只跟同一种类型的朋友交往，孩子会失去分析能力，也比较容易受负面影响。

人际交往能力是孩子人生中最重要的一项本领，它是决定人是否成功的一个重要因素，所以，家长要多鼓励孩子与人交往，学会与人相处。不过，孩子在与伙伴交往时，家长要教孩子学会与同伴合作，学会为别人着想，并鼓励孩子多参加社会活动。

在《少年说》这个节目中，有一个叫景颐的女孩，她是一个活泼的女孩，学习成绩还不错。她有一个闺蜜，是全班第一、全年级第一，甚至全联盟第一的学霸，也是所谓的"别人家的孩子"。所以，景颐的妈妈总是拿她跟她闺蜜比，景颐希望妈妈不要再拿她和别人比较，希望妈妈能看到她的努力。

女儿内心的这种痛苦，妈妈似乎并不理会，反而一直打击女儿，认为女儿的性格就需要这种打击，不然就会飘起来，妈妈对她说："当你很强的时候，我觉得我要拍一下你。当你很弱的时候，我要推你一把。"妈妈说了很多话，让女儿无话可说，哭着跑下了天台。

景颐的闺蜜叫吴迪，就是那个妈妈眼里的"别人家的孩子"看见她跑过来，就为她擦干眼泪，并上台对着景颐妈妈和同学们说："景颐是所有女孩子里最善良和大胆的，她用天生而有的热忱感染了全班同学，甚至是老师，是无可取代的！"闺蜜的这句"无可替代"，就像一支超强的安慰剂，使景颐破涕为笑。

我们可以看到，当景颐伤心、难过的时候，朋友会理解她的感受，给予她最大的安慰。正是有了朋友的肯定和支持，这个活泼的女孩才会在多次受到妈妈打击后，一直保持着乐观的态度，这是最令人感到欣慰的事。

人在这一生中，不管从事什么样的职业，在人生哪个阶段，都离不开朋友，不管是同学、同事，还是生意伙伴，他们能为我们带来重要的社会支持，而孩子也不列外。家长们大多认为孩子小，不懂得什么是友情，他们却不知道，孩子对友情的需求早在婴儿时期就开始了，友情对孩子的性格养成也是很重要的。

随着孩子逐渐长大，他们的注意力会从亲子关系逐渐转移到与同龄伙伴的交往中，在这个时期里，孩子的交友能力若能得到充分地锻炼和准备，孩子到青春期后，在与他人交往时，就会表现得更加成熟、更加自信，也能更好地处理好与同伴之间的关系，获得更好的身心发展。

在生活中，孩子大多喜欢与自己志趣、性格等相同的人做朋友，这样会使孩子的交友范围很窄，局限性很大，将来，孩子进入社会，要与形形色色的人接触，如果孩子从小就不会与各种不同的人相处，将来很难更好地适应社会生活。

家长要鼓励孩子多与不同类型的朋友进行交往，男孩可以与女孩交朋友、城市孩子与农村孩子交朋友等，通过与不同类型的人相处，孩子对人的认识会更加全面，增长了不少见识。孩子长大后，更容易适应社会，能更好地与不同的人打交道，而不是孤独、孤僻的人，只选择与少数同类人相处。

我们或许不能期望坏人教出好的孩子，但家长在鼓励孩子多交朋友的同时，也要教孩子一些安全意识，并告诉孩子，并非所有的人都是善良的，都值得我们去交往，一定要远离那些不顾你生命安全的"朋友"。

很多时候，孩子身边的朋友，也可能是潜藏的危险因素。曾经网络上都在疯传江歌和刘鑫的事，她们本是好友，但刘鑫为了自身安全，全然不顾朋友的安危，使江歌倒于血泊中，事后更是冷淡和逃避，这样的人是没有任何善良可言的。

家长一定要告诉孩子，如果他的身边有这样的"有毒朋友"，无论他平时对你有多好，一定要远离这样的朋友。因为这样的朋友不符合交友的标准，反而触摸了我们不可逾越的底线。真正的友谊必须建立在尊重对方生命的基础之上，如果一个人对生命都没有敬畏之心，更不用说信任、真诚或关爱了。

所以，家长一定要让孩子知道，生命安全永远排第一，谁都没有权利侵犯。如果你需要冒着生命危险才能加入到一个集体，那么，我宁愿你一个人。真正的朋友是不会让你去做危险的事，他甚至会为了保护你而不顾一切。

他也许不记得自己对别人的一点好，却一直记着别人对他的一点好，这样的朋友才是真正值得交往的，如果遇到这样的朋友，一定要让孩子珍惜，同时，也要教孩子学会真诚地对待他人，成为这样的朋友。

4.3 打架斗殴，该如何控制

在生活中，孩子打架很普遍，无论是老师，还是家长，都无法避免这种事的发生。当孩子渐渐长大，尤其是男孩子，他们有时候一言不合就可能拳脚相向，有时候一直忍让的孩子也会采用暴力来还击……这些在我们看来，或许都只是鸡毛蒜皮的小事，但在孩子们的眼中却显得举足轻重，即便是最微不足道的言语，也可能会掀起惊涛骇浪。

在孩子成长过程中，他们通过打闹来了解别人的底线，同时，也向他人表明自己的原则。孩子之间打架，大多是情绪问题，不是道德问题，家长切不可随意给孩子贴上道德败坏的标签。家长在处理孩子打架的问题时，要教孩子解决问题的方法以及控制事态发展的措施。同时，家长要告诉孩子，如果你打了别人，就要承担自己行为的一切后果。

有一天，老师打电话给小文的妈妈，告诉小文妈妈，小文和同学小迪为了抢小龙的东西，将小龙撞倒在桌角，脸颊流了不少血，小龙的家长得知此事，很生气，说即使不追究小文和小迪的责任，也要追究他们家长的责任。

小文妈妈惭愧地对老师说："不好意思，老师，我家孩子给您添麻烦了。"放学后，小文妈妈带着小文去小龙家，让小文向小龙道歉，并给了慰问金。在回家的路上，小文十分迷惑地问妈妈："妈妈，我为什么要向小龙道歉？"小文妈妈训斥道："你到现在还不承认自己犯了错！"

小文回答道："妈妈，我要承认什么错误？"小文妈妈生气地说："你还狡辩？回去罚站，自我反省一下！"小文即使被罚站，也不知道发生了什么事，这让他很沮丧，而小文妈妈一直觉得小文在狡辩，不相信他所说的话。

老师给小文妈妈打完电话后，也给小迪家长打了电话，小迪家长知道此事后，告诉老师，会先问一下小迪，如果真是小迪的错，会让他给小龙赔礼道歉的。放学后，小迪妈妈问小迪，是否因为抢东西而将小龙撞伤，小迪告诉妈妈，自己并没有跟小龙打架，小迪妈妈相信小迪的话，就跟老师沟通了此事。

后来，老师将三个人都叫过来，进行对质，发现小龙的脸是自己撞的，为了避免被家长责备而编了这样的故事。小文知道这件事的原因后，心里很难过，认为妈妈宁愿相信别人也不相信自己，甚至不问青红皂白，就让自己道歉，惩罚自己。

如果孩子打架了，家长的态度很重要，不能不问青红皂白，就打骂孩子。家长首先要调整好自己的状态，以平常心看孩子们的打架，冷静地与孩子进行沟通，了解孩子打架的经过和真相，并帮孩子分析，是他的责任，还是别人的责任，或者只是误解。弄清楚事情的来龙去脉后，再进行处理。

实际上，孩子打架的原因有很多，有的孩子不懂得控制自己的情绪，家里有不愉快的事，就到外面去发泄；有的孩子缺乏社交技巧，不知道如何与他人相处，遇到事情就用打架的方式来解决；也有一些孩子先通过打架来树立自己在伙伴们中的权威；还有的孩子只是模仿，模仿家长、模仿电视等。

孩子打架的这种行为，家长必须要引起重视，需要深入思考打架背后的真正原因。家长既不能认定打架的孩子就是坏孩子，也不能因孩子打架而暴跳如雷，让孩子觉得自己犯了天大的、难以饶恕的错误。家长要认真对待孩子打架这件事，与孩子好好沟通，了解孩子为什么要与别人打架，然后再想办法解决这个问题。

很多时候，孩子打架是一种嬉戏行为，他们打架没有考虑后果，是因为没有人告诉他们这样做不对。所以，家长需要明确告诉孩子，恶意打人，这种行为是不对的，必要的时候，可以还手制止对方，但无论什么时候，都要学会为自己的行为负责。

孩子一旦有出格的行为，家长也逃不了责任，如果家长任其妄为，不加以管教，会使其养成用打架的方式解决问题的习惯。孩子打架的习惯一旦养成，很难纠正，一旦产生恶劣的后果，家长再追悔莫及，显然为时已晚。因为，你的孩子，你不教育他，将来走入社会中，自有人帮你教育他，到时候，吃亏的就是你的孩子。

其实，孩子的性格与品行，大多是受到家长们的影响，如果家长能够自我觉察，调整自己与孩子相处的方法，也许孩子的行为会有所改变。

小宵上初中时，总是被他人欺负，终有一天，他再也无法忍受，就大打出手。后来，老师将此事告诉了小宵的妈妈。小宵告诉妈妈，自己是第一次打架，请求她不要将此事告诉爸爸，并保证以后不会再打架，妈妈答应了。

然而，第二天，小宵还在睡梦中时，爸爸就粗暴地掀开他的被子，拿皮带抽打他，还骂他："叫你不好好学习，还学会了打架……"，小宵哀求道："妈妈，快来救我！"但妈妈却无动于衷，只冷冷地坐在沙发上。

那个时候，小宵很绝望，内心比肉体上的伤痛还要难受。后来，他问妈妈："妈妈，你答应过我，不告诉爸爸，为什么说话不算数？"妈妈回答："因为我不相信你能做到，只有你得到教训，下次才不敢再打架！"

直到小宵长大，当年的那件事还历历在目，让他一想起来就很难受，因为他将心掏给妈妈，却换来妈妈的背叛，那种失望和心痛导致他与家长的关系一直都不是很亲密。

得知孩子打架，家长切不可全盘否定孩子，要好好与孩子进行沟通，了解孩子的内心想法，尤其是孩子被欺负的时候，家长要勇于站在孩子这一边，耐心地安慰孩子，与他一起想办法解决，并向老师寻求帮助，直接与对方家长进行对峙。让孩子知道，谦逊懂事并不代表懦弱，不可任人欺负，要懂得保护自己。

孩子打人，家长一定要好好教育他，适当惩罚他，让他知道犯错就要受到相应的惩罚。如果孩子被欺负，家长也不能无视孩子的诉求，要多关注孩子，观察他的精神状态和身体上的各种异常，及时发现孩子的处境，才能更好地保护好孩子，让他健康、快乐地成长。

有人的地方，就有江湖，学校是一个小江湖，社会是一个大江湖。其实，孩子之间的关系与成年人之间的关系一样，不是单纯的打与被打，所以，家长需要教孩子学会如何与这个世界相处。让孩子知道，这个世界有善恶，有美好，无论发生什么，父母永远是他最坚强的后盾。

4.4 校园霸凌，比我们想象的更严重

在现实生活中，世界各地每天都会发生校园欺凌事件，每个做父母的，都希望自己能时刻保护好自己的孩子，不让孩子受到他人的欺凌。但是，我们又无可避免地将孩子送入学校，将来，孩子也是要独自一人面对社会，我们能够做的事就是教孩子坚强、勇敢，教孩子一些解决问题的方法。

同事的儿子上小学四年级，最近，儿子告诉同事，他们班有几个同学总是欺负他。每次下课，儿子出去玩，回来的时候，就看见自己的书包被扔在了地上，文具和课本都散落一地。他捡书包时，他们就在一旁偷偷地笑。

有时候，他正在专心听老师讲课时，突然会感觉后背疼，原来是被同学用笔戳了一下。除此之外，他的作业本常常被同学抹上鼻涕。同事问他："你将这些事告诉老师了吗？"儿子说："我没有告诉老师，我怕告诉老师后，他们打我，他们几个人，而我一个人，我打不过他们，只好一直这样忍着。"听了儿子的诉说，同事十分心疼他，但又很生气，不知道该怎么办，才能不让孩子再受欺负。

随着孩子的不断长大，他们的自我意识很强，有些孩子为了彰显自己的能力，喜欢欺负比自己弱小的孩子，还有些孩子在家被家长或长辈骄纵惯了，在与小朋友相处时，只要不顺心，就喜欢用拳头来维护自己的尊严。

为了避免孩子被欺负，家长要懂得尊重自己的孩子，不要随意给孩子

标签，比如，说孩子是胆小鬼等，长此以往，孩子就会认同家长的话，渐渐变得自卑、软弱。这样性格的孩子在学校最容易吸引那些"小霸王"们，成为被欺负的对象。所以，家长要夸赞孩子的优点，经常向他们表达自己的爱意，让孩子感受到父母的爱，就会变得很自信。

当孩子被欺负了，家长不能让孩子一味地忍让。有些家长得知孩子被欺负，只会说"为什么他们会欺负你，一定是你哪地方做的不对"，以此来训斥孩子，这种做法是不妥当的。长期遭受他人的欺凌，对孩子的伤害不可估量。当孩子总被他人欺负，且无法躲避时，孩子将这件事告诉家长，家长一定要及时安慰孩子，并告诉孩子，不能一味地忍气吞声，要勇敢面对，大声指责他们，这样不仅可以引起老师注意，还能震慑一下他们。如果老师没有起到很好的调节作用，要教孩子勇于反抗，保护好自己。

有一个10岁的小男孩，在上四年级，自从上四年级后，他的噩梦就从来没有停止过。班里经常有同学欺负他，给他起外号，嘲笑他的家庭经济状况。

有一天，他在学校如厕时，有两名男生进入厕所，他们是这个男孩的同班同学，经常欺负他。其中一个男生堵住了门口，向他提出"我开开门看你的屁股"，另一个男生则将盛有厕纸的垃圾筐扔到男孩的头上，厕纸撒了男孩一身，两个男生嘲笑他后离开。

男孩脸上全是污秽，他哭着清理了一下。当天，他并没有告诉老师，到了晚上，他的爸爸妈妈才知道这件事。这件事发生后，男孩出现入睡困难、易怒、情绪激动等症状，有时候，他会因为一点小事而哭，每天都会哭很多次，有时候还会躲在桌子下面。爸爸妈妈带男孩去了医院，经医院初步诊断，男孩患有急性应激反应。

孩子在学校遭受到校园欺凌后，有的会感到羞耻，有的害怕家长责骂，有的担心家长为自己出面后，自己会遭受到更大的伤害，所以很多孩子大多都选择沉默。这个时候，家长就要对自己的孩子多一些了解，多观察，一旦发现孩子有不寻常的表现，比如，不愿意上学、身上有伤痕、个人物品丢失或损失、有自我伤害倾向、睡眠出现问题或沮丧、沉默寡言等，这些都是很重要的信号，如果家长感到很可疑，就要引起注意。

其实，发现孩子在学校是否受到欺凌的信号有很多，远远不止这些，这就需要家长要多与孩子沟通，多与老师进行沟通，仔细观察，最重要的是，家长要了解这些信号，才能早发现"校园欺凌"，及时疏导孩子的心理。

得知孩子被欺负后，有的家长很愤怒，立刻带着孩子找欺负的人算账，找老师和学校，甚至打欺负的人一顿，但也有家长不想把事情弄太大，一味地教孩子忍受，这两种都是对待校园欺凌的不恰当态度和方法。

当孩子被欺负，家长首先不要责怪孩子，因为霸凌者捉弄别人通常是没有什么理由的，可能因为一个错误，或者人与人之间的差异、弱点，比如，肥胖、戴眼镜等，使孩子成为攻击的对象。此外，家长不能抱着息事宁人的态度，孩子被欺负，更需要比霸凌者强势的人支持自己，帮助他解决这个问题。

家长要冷静倾听，客观分析。家长也可以鼓励孩子跟比较信任的大人和朋友倾诉，比如，哥哥、姐姐、老师等，他们都可以给一些建议。家长要与孩子多交流，可以向孩子分享自己的经历，并表达对孩子的关心，比如，听了你的遭遇，我很难过，妈妈会在身边支持你的。

在国外，有一个男孩放学回家后，告诉爸爸，他在学校遭受了霸凌。平时，爸爸很疼爱他这个儿子，当他知道这件事后，十分难过，很想帮助孩子解决这个问题。他考虑到学校可能不会意识到这个问题，并解决好这件事，如果自己不想办法，那么，儿子可能还会继续被欺负。他考虑再三，决定找霸凌者谈谈。

这位爸爸与霸凌者的家长进行沟通，然后，他带着霸凌者在车中单独聊天。既然是为解决这件事的，这位爸爸最想知道霸凌者为什么会欺负别人，但两个人聊了很久，霸凌者一直保持着满不在乎的样子。

后来，通过他的慢慢开导，霸凌者渐渐地向他敞开了心扉，告诉他，自己曾经因为穿着破旧受到霸凌。通过他的询问，霸凌者承认自己因为妒忌男孩穿着新衣服才欺负他的。紧接着，他又问霸凌者，为什么他没有新衣服穿。

霸凌者感受到他的耐心和善意，便向他坦诚，因为他们一家正处于无家可归的状态，没有稳定的住所，自然就没有钱买新衣服。他搞清楚了这件事都是因为衣服惹的祸，他决定带着这个霸凌者去买新衣服。他觉得这样或许能帮助到儿子和霸凌者，让情况有所改善。

这位爸爸非但没有责怪霸凌者，反而给霸凌者买衣服，这让霸凌者有些愧疚。由于霸凌者很少出入高档商场，这种陌生感让霸凌者在商场试穿衣服时，有些拘谨内敛，这位爸爸拍了拍霸凌者的肩膀，鼓励道："年轻人，要抬头挺胸，自信一点！"

买完衣服，开车回去的路上，两个人已完全没有了隔阂，一路上听着歌有说有笑的。那个对人比较冷漠的少年，转眼间变成了一个阳光开朗的大男孩。几天后，这位爸爸把霸凌者带到家里，与儿子进行交流。一开始，气氛有些尴尬，后来，他的一句玩笑话将儿子逗笑了，两个孩子很快便达成了和解。

没过几天，两个孩子就成为了好朋友，经常在一起玩游戏。后来，这位爸爸为了解决霸凌者无家可归的情况，从募捐网站上帮他们筹集了两万多美金。事后，这位爸爸告诉儿子："如果你对别人好，那么好的事情就会回报到你身上。"

当孩子受到欺凌，家长要耐心倾听孩子的诉说，并严肃对待，告诉孩子，这种欺凌行为是错误的，同时，也要让孩子懂得运用正确的方法去制止这种行为，并和孩子一起解决这个问题。想要让孩子远离校园欺凌，家长需要掌握一些方法和原则。

第一，孩子的穿着和学习用品要低调，不要太张扬；

第二，在学校，孩子最好不要主动与同学发生冲突，一旦发生冲突，要及时找老师解决；

第三，上下学和活动时，要尽量结伴而行，不走僻静、人少的地方；

第四，带孩子参加自卫训练，让孩子拥有自我保护的能力；

第五，遭遇校园欺凌，要大声警告对方，以此引起老师、同学的关注，同时，还能起到震慑的作用，若对方还是继续欺凌的行为，应适当自卫，而不是一味地忍让；

第六，遇到校园欺凌，要冷静，可尽量拖延时间。如果是在公众场合受到一群人的胁迫时，向他人呼救求助，可免去一些麻烦。如果是在封闭场所，就不好办了，因为一旦呼救或反抗，可能会遭受更加激烈的暴力。

第七，遭受校园欺凌，家长要保持冷静，并将发生的事告诉孩子的老师或校长。如果是很严重的暴力行为，即使被胁迫，家长也不要沉默，不能以暴制暴，还是要通过法律的方式来维护自己的权益。

通常，只有暴力事件对孩子造成了伤害，施暴者才会被依法处理。但如果造成肉体情况较轻，很少会追究刑事责任。由于施暴者是未成年人，最终的处理大多是批评教育以及赔偿，而施暴者几乎没有受到任何处罚，这无疑会助长他们的嚣张气焰。

另外，校园暴力事件发生后，施暴者的家长往往护子心切，会动用一切力量来平息这件事，这就让施暴者认为自己有保护伞，恣意妄为。所以，作为父母，我们一定要保护好自己的孩子，因为校园霸凌，比我们想象得还要严重！

第5章

孩子有问题，
正确引导很重要

在孩子成长过程中，会出现各种各样的问题，比如，叛逆、害怕失败等，这些问题多半与家长不恰当的教育方式有关。所以，孩子有问题，家长不能全怪给孩子，首先要做的就是自我反思，教育方式有问题，就要及时改正。同时，家长要多陪伴孩子，多与孩子进行沟通，必要时，给予孩子正确的引导。

5.1 自卑，帮孩子找回自信

孩子本该有个快乐的童年，但并非所有的孩子都能拥有自信阳光的心态，有些孩子比较自卑，常常情绪低落，不敢与他人打交道，总觉得自己不够好，不配与他人做朋友，只能独自一人躲在角落里羡慕别人。

孩子一旦产生自卑心理，就无法正确评价自己，认为自己是最差的那个，没有人喜欢自己。当孩子渐渐地长大，他独自一人面对生活时，这种自卑心理就会被无限放大，使他不敢在人前抬头、说话，即使有机会，他也不敢争取，活得小心翼翼，过得异常辛苦。

一般来说，孩子进入初中后，最容易产生自卑心理，一旦他们陷入自卑，就无法摆脱这个负面情绪，不利于孩子的健康成长。所以，家长不能忽视孩子的自卑心理，一旦发现孩子比较自卑，要及时帮助孩子找回自信。

小泽是一个 13 岁的孩子，性格有些孤僻，不喜欢跟同学在一起玩，经常一个人独处。有一天晚上，医院突然给小泽的班主任老师打电话，说小泽正在医院，他患了急性阑尾炎，需要立即做手术，但医院联系不上他的父母。

老师挂完电话，赶紧去医院签字，然后，小泽就被送进了手术室。小泽做完手术，醒来发现老师就在旁边，忍不住哭起来。他告诉老师，父母在外地做生意，一年见不了几次面。他每天放学回家，自己煮泡面吃，有时候，自己不舒服，生病了，也没有人知道。

他觉得自己就像一个没人要的孤儿，也许，对父母来说，挣钱远比他重要。老师听了小泽话，莫名感到心酸，很心疼他，也终于明白，小泽因为缺少父母的陪伴，才变得如此孤独自卑。

在孩子成长过程中，有两个比较关键的时期：一个是上小学时；另一个就是初中时期。在这两个重要时期，孩子正在建立自己的人生观和价值观，缺少父母中的任何一个，都会给孩子带来不小的影响。尤其是女孩，需要父亲来管教，而男孩则需要母亲来帮助，让他们认识男人和女人，这点很重要。

无论家长工作或生意有多忙，都要放一放，尽量抽出时间陪一陪孩子，带孩子出去玩，多与孩子进行沟通，给孩子提供一个温馨的家庭，孩子的心理自然是健康、积极的。如果家长没有时间陪伴孩子，或很少陪伴孩子，孩子会因为父母的缺席而没有安全感。另外，孩子遇到一些困难，没有人及时安慰孩子，孩子就会变得胆小、自卑，甚至自暴自弃。很多家长总觉得孩子还小，有的是时间去弥补。

不曾想，时间过得很快，孩子转眼间就长大，等我们有时间想陪伴孩子的时候，他们已不再需要我们了。所以，趁着还有时间，家长尽量多陪陪孩子，因为孩子的性格需要家长的引导，孩子的成长不能因为父母的缺席，而一直活在自卑的阴影中。要知道，只有父母无条件的爱和陪伴，才能让孩子变得更自信、乐观。

小茹是一个四年级的学生，妈妈是大学老师，妈妈从小教育小茹对人要有礼貌，举止大方，有空要多读书。小茹比较听妈妈的话，从不爱打扮，是一个朴实而有内涵的孩子。小茹有个好朋友叫小颖，经常到她家玩。小颖妈妈是个化妆师，她经常将自己打扮得很时尚，也把小颖打扮得很漂亮。

有一天，小茹和小颖在卧室里玩跳棋，而小颖的妈妈在客厅正在与朋友聊天。小茹听到那位阿姨夸小颖长得漂亮，说她的眼睛有点小，长大做个微整形，也一定是个美女。然后，她们俩就谈论一些明星整容的情况。

那位阿姨说的话，让小茹觉得自己眼睛小，长得丑，认为大家可能会不喜欢她。想到这里，小茹就不开心了，她离开了小颖家。从那天起，小茹一看到漂亮的同学，就对自己的长相不满意，越来越自卑。

细心的妈妈发现了小茹的变化，便问小茹怎么了，小茹委屈地说："妈妈，我觉得自己长得好丑，眼睛好小，我都不喜欢我自己，别人肯定也不会喜欢我，我想要去整容。"然后，小茹将整件事的前因后果告诉了妈妈。

妈妈没有责备她，对她说："小茹，你觉得妈妈丑吗？"小茹摇了摇头说："妈妈，你在我心中是最美的！"妈妈说："在妈妈心中，你最美，也是独一无二的。你还小，俗话说女大十八变，你以后会变得越来越漂亮的！你没有必要效仿别人，要知道，心里美才是真的美，你看你聪明、善良、有爱心，这就是你最独特的美。"

小茹听了妈妈的话，心理突然就变得开心起来，说："妈妈，我懂了，心灵美比外表美更重要。我以后再也不会说这件事了。"妈妈听了女儿的话，感到很欣慰。通过这件事，妈妈觉得自己平时忽视了女儿，女儿现在有些爱美了。于是，她开始打扮女儿，经常给小茹买漂亮的裙子，在她的教育下，小茹不再为自己的相貌感到自卑，而且越来越自信。

实际上，几乎每个人都有或多或少的自卑感，因为每个人所处的环境不一样，参照对象不一样，对自己的要求自然也就不一样。我们经常习惯与周边人进行比较，总认为他们能做到的，我也可以做到，当我们做不到的时候，就会产生自卑感。

一个拥有自卑感的人会不切实际地低估自己，在他们眼里，只盯着自己的缺陷，看不到自己的长处，对自己各方面评价都比较低，很怕受不到别人的尊重，觉得自己一无是处，什么都不如别人，做事没有自信。

尤其是孩子进入青春期后，比较敏感，喜欢拿自己与别人进行对比，觉得自己长相、身高等方面不如其他人，就会很自卑，这种生理自卑在青春期孩子之间最为常见，因为他们很在意别人的评价，尤其是女孩比较关注自己的长相、身材等，而男孩比较担心他们的身材不够高大、脸上长痘等，当孩子拿自己的短处与别人的长处进行比较时，就会产生强烈的自卑感。

当孩子比较在意自己的长相时，家长要让孩子知道，每个人都有自己的优点和缺点，如果总拿自己的缺点和别人的优点进行对比，会越来越自卑。家长可以教孩子正确评价自己，说出自己的优点和缺点有哪些，与他人比一比长处，比如，自己学习成绩好，口才好，这是别人不具有的等。同时，家长可以鼓励孩子巩固和发展自己的优点，使自己成为他人注目的焦点。

小婉的妈妈是一个很节俭的女人，小婉从小都没有穿过新衣服，穿的都是哥哥姐姐们的，或者亲戚家给的旧衣服。小婉上五年级时，班里要举行"六一儿童节"活动，老师想让小婉表演节目，特意叮嘱小婉在活动那天要穿得漂亮一点。

放学回家，小婉就将这件事告诉了妈妈，妈妈却说："就在台上表演那么几分钟，花这个钱干啥，你姐姐有裙子，你穿上她的裙子去表演就可以了。"姐姐的裙子款式很旧，而且衣服上还有几处洗不掉的黄斑，小婉虽然不想穿，但也没有办法，只好穿上姐姐的裙子去学校了。

当小婉站在班级前面时，她永远忘不了老师看她的眼神以及同学们的嘲笑。当小婉长大，有了工作，可以买自己喜欢的衣服，但她依然摆脱不了自卑。每次相亲都失败，她总觉得对方在嘲笑她，有好感的，她又觉得自己配不上对方……

在生活中，有很多家长喜欢跟孩子哭穷，比如，"给你报这个兴趣班，我们差不多掏空了腰包，都没有钱买衣服，你要好好学习，才能对得起我们。"等，家长们都想通过这种方式来激励孩子，希望他们能懂得父母挣钱不容易，好好学习。

然而，家长不知道，跟孩子哭穷，与孩子自己去感受生活的不容易，这两个对孩子的影响是不一样。家长经常向教孩子灌输"没钱"的思想，向孩子哭穷，会让孩子从根上自卑，因为父母尚且如此，自己的生活可见有多惨淡无光。而自己感受到的，往往会激励孩子努力学习，以此来改变自己的人生。

为了不让孩子因为金钱而感到自卑，家长应正确处理孩子的金钱观。当孩子比较关心家里的经济状况时，家长要多肯定和鼓励孩子，并告诉孩子，不管发生什么事，我们都会保护好你，让你上学，你不必为金钱而担心，因为我们会努力赚钱，等你长大了，自己就能挣钱了，只要你努力就能实现。通过家长的承诺和鼓励，就能使孩子的心得到安定，让孩子快乐成长。

5.2 逆反，如何与孩子有效沟通

随着孩子的不断长大，家长越说，孩子越不听，甚至跟家长对着干，孩子这种逆反行为让不少家长头疼不已。其实，孩子进入青春期，行为有些逆反，属于正常现象，关键在于家长如何与孩子进行有效沟通。

孩子长大一些后，有了自己的想法，不喜欢听从别人的话，不喜欢被人管束，就会产生逆反心理。面对孩子的逆反行为，家长要了解孩子逆反的具体原因，才能科学有效地引导孩子，教孩子学会控制和调节自己的情绪。

小南是一个初三的学生，是一个比较叛逆的男孩，他上学不背书包，背个比较时髦的小挎包。平时，他只穿自己选的衣服，不穿别人买的衣服。学校要求男孩剪成短发，很多男孩都是小平头，看起来很精神，但小南就不听，非要留长发，还烫发做造型。

虽然，小南的发型确实很好看，人本来就长得帅，自然吸引很多女生的目光。由于学校不允许小南留头发，老师叫来了小南的妈妈，让小南的妈妈带着孩子去理发，不然不让小南来学校上课。

妈妈急匆匆地来到学校，看到小南正在楼道里站着，妈妈走过去，先安慰了小南的情绪。然后，妈妈跟小南商量去哪理发。理完发，小南不愿意回学校，想去琴行看看。虽然，妈妈心里很焦虑，担心孩子不想去学校，但又不能表现出来。

妈妈明白小南的情绪还没有恢复平静，这个时候，跟孩子说道理，肯定是不行的，就带他去了琴行。结果，老师不在，小南终于说："妈妈，您把我送上学吧"。妈妈将小南送到校门口，陪着孩子呆了一会，当下课铃声响了，小南才走进校门。

孩子从幼年、小学到中学，生理和心理都会发生翻天覆地的变化，在这个阶段，孩子会不断地寻找自我，他们开始有了自己的想法，不会像小时候那样对家长的话言听计从，这都是很正常的现象。在青春时期，孩子可能会有某些举动或心理变化，这是孩子在不断成长的表现，是一件好事，但对于家长来说，会觉得孩子比较叛逆，不好管。

青春期是孩子逐渐从小孩成长为大人的一个过渡时期，这个时期的孩子心理很复杂又比较矛盾，他们会与家长产生摩擦，因为他们渴望独立，不想依赖家长，迫切挣脱成人的约束，但又觉得自己无法完全独立，在生活中还是要依赖家长，这种矛盾的感情让孩子极度不安。

同时，孩子进入青春期后，由于身体在不断发育，体内激素分泌不断增多，情绪不稳定，极容易激动，心理上的攻击性很强。如果他们能在生活、学习以及人际交往方面比较顺利，自我得到肯定，他们的矛盾和攻击性很容易得到化解。

相反，孩子受到挫折，丧失了自尊心，攻击性得不到化解，就很容易向自己最亲密的家长发泄不良情绪。如果家长不理解孩子，用比较强硬的态度对待他们，孩子就容易产生逆反心理。

有时候，孩子并非故意跟家长对着干，而是因为受到成长环境、生理原因以及家庭教育的影响。家长了解孩子逆反的原因后，就要懂得接纳和理解孩子，不能埋怨孩子。要知道，在孩子成长过程中，叛逆期只是一个很短暂的时期，家长只有无条件地接纳和爱孩子，才能帮孩子很快度过这一时期，将来，孩子才会更爱你，尊敬你。

小强自从上初中后，经常很晚才回家，妈妈一直监督着他，管他，他不听，还经常顶嘴，和父母对着干，打骂也不管事，妈妈也不知道该怎么做了。小强的爸爸经常在外奔波，很少在家，他的衣食住行都是妈妈在操心。

当爸爸得知儿子的学习成绩下降了，非常不满，责怪小强妈妈没有管好孩子，对小强也很生气，经常大吼大叫，而小强也不惧怕他，说爸爸没文化，父子俩经常吵架，甚至爸爸还打他。

随着孩子不断长大，进入青春期后，他们变得越来越独立，不再钦佩自己的父母，这时候，家长对孩子管束已大大降低，不能再监管孩子，而是引导孩子。在生活中，有些爸爸平时工作比较忙，很少与孩子在一起玩耍。

由于爸爸长期缺席，孩子得不到父亲的关注，失去了学习的榜样，就会模仿自己身边不成熟的伙伴。更重要的是，家长长期在外，没有正确地向孩子解释，给孩子做了一个不愿意呆在家里的不良示范。

再加上很多妈妈对孩子的变化过于紧张、敏感，对孩子的管束过于严格，使孩子有了抵触心理。孩子出现问题，其实就是家长的问题，因为孩子会模仿家长们的言行举止，如果家长觉得孩子有很多问题，那么，在孩子眼中，家长们的问题自然也不少。

其实，在教育孩子时，家长首先要认知自我，改变自我，如果对自己都不了解，甚至自己还像个孩子似的，遇到事情，不能理智地去解决问题，甚至有些家长的脾气比较暴躁，孩子还没发脾气，自己就先发火了，家长这种不理智的情绪，也是导致孩子叛逆的导火线，所以，家长要改变自己，控制自己的情绪，这样教育孩子才最有效。

青春期的孩子常处于混乱和矛盾的心理状态，他们总觉得自己长大了，可以独立处理和解决问题，但由于他们缺乏相关的经验，所以，他们大多都失败了，这让孩子很痛苦，如果家长能无条件地接纳孩子，用爱去陪伴孩子，家庭的温暖无疑会减少孩子的叛逆。

同时，夫妻关系是否和睦，也会影响孩子，所以，家长要多与另一伴交流与沟通，只有夫妻关系和睦融洽，孩子感受到来自家庭的温暖，感受到爸爸妈妈之间的互敬互爱，感受到爸爸妈妈很民主，可以与之平等对话，商量事情，孩子肯定愿意向家长敞开心扉。

女儿的房间总是乱糟糟的，妈妈看到后，批评了她，女儿不但不收拾东西，还顶撞妈妈。后来，妈妈换了一种方式与孩子进行沟通。

妈妈对女儿说："你看，你的袜子很脏了，还有床上放着穿过的衣服，房间一片狼藉，让人看着多不舒服。我知道你是一个爱干净的孩子，妈妈希望你将脏衣服和脏袜子放进洗衣机里。然后，将干净的衣服叠起来，并放进衣柜里。"女儿抬头看了妈妈一眼，虽然，她没有说话，但可以看出她有些不好意思了。然后，女儿就开始收拾房间了。

如果家长想帮助孩子平安度过青春期，就要了解孩子的成长规律，在学习、生活以及人际交往上，要成为孩子的导师。面对逆反的孩子，家长要平等对待孩子，多与孩子沟通，了解孩子的兴趣爱好和时尚潮流，培养共同的兴趣爱好，有了共同话题，孩子才愿意和家长沟通。

在沟通过程中，家长绝对不能用命令的说话方式对待孩子，也不能指责和批评孩子，要讲究沟通的时机和方式，清楚地向孩子表达自己的感受，提出需求，并告诉孩子，我们希望他们如何去做，这种方式体现了对孩子的尊重，可以减少彼此之间的争执。同时，家长要接受孩子的叛逆，要相信孩子，尊重孩子的隐私，并理解孩子的诉求，给他们做决定和承担责任的机会，其实也是给孩子犯错误和改正错误的机会。

孩子叛逆，家长要少指责，多鼓励他们。家长批评孩子要讲究方式，指出孩子的问题所在，鼓励孩子去改正和改变，切不可打骂孩子。另外，孩子进入青春期，家长要学会"闭嘴"，家长的话太多，或者过于唠叨，会失去威严，要少说话，多观察孩子，在关键时刻，给孩子一个重要的建议，这样就能获得孩子的尊重，自然，孩子不会再叛逆。

5.3 害怕失败，鼓励孩子多尝试

在成长过程中，孩子不可能做什么事都那么顺利，会经常遭遇挫折和困难，所以，失败是每个孩子都必须要面对的一个人生课题，通过一次次的失败，孩子才能在失败中总结经验，吸取教训，一步一个脚印走向成功。

当孩子出现失误的时候，家长的态度直接决定孩子以后如何看待失败。如果家长态度比较平和，认为失败并不可怕，没什么大不了的，及时安慰和鼓励孩子，就会增强孩子的自信，使孩子再接再厉，越挫越勇；如果家长严厉训斥孩子，就等于传达给孩子一种"绝对不能输"的思想，导致孩子害怕失败，不敢尝试。当辜负了家长的期望，他们就会更加苦恼，甚至自暴自弃。

家长不希望孩子失败，是因为他们觉得失败只会给人带来痛苦，却不知道失败也能为我们提供宝贵的经验，失败的经验越多，我们更容易获得成功。在孩子的成长中，挫折和失败的经验是必需品，孩子只有不断经历失败，才能更好地成功。

所以，当孩子没有达到我们的要求时，家长一定要知道，孩子一直在成长，他有权失败，尊重孩子失败的权利，孩子才不怕失败，敢于尝试，才更有可能抵达成功的彼岸。

小雪的家境不太好，她从小学到初中，在班里的学习成绩一直很优秀。

然而，从初二下学期开始，小雪的成绩开始直线下降，没有上升的迹象，她们学校实行优胜劣汰的轮换机制，这就意味着小雪要被下放到普通班级。

这次给她的打击很大，她变得有些急躁、脆弱，经常写着作业就哭起来。有一天，小雪半夜跑到宿舍楼顶，一边大声哭，一边要做出轻生的动作，宿管阿姨吓得赶紧给老师和校长打电话，并报了警。后来，小雪被心理辅导老师劝了下来。

后来，老师给小雪的家人打电话，让他们到学校一趟。后来，家人将小雪暂时接回了家，经过沟通，妈妈很后悔从小给孩子灌输"想要改变命运，必须考第一"的思想，导致孩子压力太大，承受不了。通过这件事，妈妈也明白了，孩子的生命是最重要的，只有不怕失败的孩子才有机会赢。

在生活中，有不少孩子因为一次失败而觉得自己输了，没有希望了，或许，家长觉得现在的孩子太脆弱，就因为一句批评，一个误解，一次失败，就要结束自己的生命。其实，人生很长，一次失败不算什么，要学会面对每一次的失败，因为有输有赢的生活才是人生，如果现在都输不起，将来又如何能赢得了？

输赢乃兵家常事，家长不能一味地苛求孩子事事争第一，样样做到最好，这样，孩子无法体会到学习的乐趣，反而会陷入巨大的压力中，觉得自己无法达到家长的期望和要求，认为自己是一个很糟糕的人。所以，不是孩子害怕失败，而是家长不允许孩子失败，孩子越害怕失败，心理承受能力就越差。

很多孩子害怕犯错误，他们觉得犯错误就意味着失败，失败就说明自己输了，辜负了所有对他寄予厚望的人，背负的压力太多，孩子太想赢，才更怕输。人生不可能一帆风顺，总有不顺心的时候，而孩子终有一天要独立面对人生，所以，家长教育孩子时，不要一味地教孩子求胜的竞争意识，要引导孩子正确面对失败。

当孩子面临失败，家长不能急于责备孩子，而是应及时与孩子沟通，让孩子明白，失败很正常，并与孩子分析失败的原因，找到解决的办法。

同时，家长要鼓励孩子，肯定孩子的付出，比如，孩子参加学校组织的故事比赛，虽然没有拿到奖，但他在准备过程中，付出了很大的努力，这是值得鼓励和表扬的。

在孩子成长过程中，家长难免会给孩子设定一些目标，如果目标设定得过高，孩子容易失败，陷入自卑等不良情绪中，所以，家长要根据孩子的实际情况，制订一个可实现的目标，不但能激励孩子勇往直前，而且每次达到目标，孩子就很有成就感，会变得更加自信，不断挑战自己。

在客厅里，儿子与爸爸一起下围棋，儿子输了，一把推翻棋盘，生气道："我不玩了！"爸爸没有理会他，过了一会儿，儿子大概意识到自己做错了，跑到爸爸身边说："爸爸，咱们再来一局？"

爸爸说："这次不翻脸了？"儿子有点不好意思地说："愿赌服输"。这一局，儿子又输了，但他没闹情绪，只是有点失落，爸爸给了他一个拥抱，还夸奖他有进步，儿子立马又高兴起来。

过几天，儿子又拉着爸爸下围棋，爸爸故意说："我不想下，赢了你，也没什么意思。"儿子对爸爸说："如果你赢了，我打扫卫生，如果我赢了，你让我多看一集动画片，好不好？"爸爸说："君子一言，驷马难追！"

两个人都认真地下棋，时而占地盘，时而厮杀，爸爸使出诱敌之策，吃了儿子很多子儿，瞬间占领了大半个棋盘，很明显，这一局又是爸爸赢了。儿子见胜负已定，无力挽回局面，叹了口气说："爸爸，你赢了！我愿赌服输，打扫卫生去了，等我打扫完卫生，咱们还继续下，我就不相信我赢不了你！"

爸爸竖起大拇指，对儿子说："有进步！"儿子笑着说："我才不怕输呢！我是越战越勇，我得思考思考如何在下一盘赢你。"

实际上，孩子从小是没有输赢概念的，只是因为家长有意无意地对孩子说："你得了第一名，你真棒！"受到家长的夸奖，使孩子感受到了赢的快乐，长此以往，孩子就养成了什么都跟别人争第一的心态，但又接受不了自己不如他人的事实。

当孩子无法接受失败，就会通过耍赖、哭闹等形式表现出来。很多家长不想让孩子伤心，就会故意输给孩子，或者让孩子远离竞争的环境，这种把孩子保护得太好的方式，并不可取，因为只会让孩子越来越害怕失败，不敢尝试。

当孩子失败了，家长要接纳孩子的失败情绪，让孩子感受到家长对他的尊重。虽然，孩子失败了，但他肯定也有做得比较好的地方，家长要及时肯定孩子，让孩子知道自己有进步，并鼓励孩子继续努力。

另外，家长要引导孩子用一颗平常心来看待输赢，并告诉孩子，没有人永远会赢，也没有人永远会输，输了没关系，赢了也要有平常心。当孩子能用一颗平常心对待输赢的时候，他已经战胜了自己害怕失败的心理，能够用积极乐观的心态面对挫折。

小时候，孩子输不起，长大了，也未必赢得了。每个家长都不希望自己的孩子害怕失败，不希望孩子长大后赢不了，所以，家长需要从小培养孩子正确的输赢观。

5.4 孩子太自负，帮孩子走出误区

一个人有了自负的心理，就会比较浮躁，不听人劝，容易自以为是，目中无人。通常，孩子自负大多表现在学习上，他们一旦有了自负的心理，会很难进步，甚至会止步不前。自负最大的特点就是不能正确地评价自己，高估自己的能力。

一般来说，人的自我意识主要包括三个方面，分别是自我认知、自我意志和自我情感体验。通常，人们评价自己时，靠的是自我认知的能力，有些人过高地评价自己，就是自负；有些人过低地评价自己，就是自卑。自负的人喜欢拿自己的长处和别人的短处进行比较，使得他们产生错觉，认为自己很不错，由此心生自满，看不起他人。

其实，自负是一种很无知的表现，显出自己自负时，他们却并不自知。无知的人一般有两种表现：一种是盲从，另一种则是狂妄，而自负的表现就是后者。当家长发现孩子有自负的心理时，要及时引导孩子，帮孩子走出误区。

小云今年10岁，上五年级，是一个聪明的女孩。小云的爸爸妈妈都是高级白领，家里只有她一个孩子，所以，他们很宠爱她。小云比较机灵，学习很好，老师们经常在班里夸奖她，这使她很自负。

小云瞧不起同学，对同学傲慢无礼，即使做错事，也从不向他人道歉，

总认为自己做的对，甚至有时候对成年人也傲慢无礼，不爱搭理人。由于同学们不喜欢她这种行为，没有同学愿意与她玩或聊天，所以她几乎没有朋友。

她常常觉得自己很孤单，整天闷闷不乐，为了排解自己不良的负面情绪，她在日记里攻击和谩骂不和她玩的同学，令家长和老师担心的是，越没有人与她玩，她越傲慢，总是独来独往，还处处挑同学们的刺。

孩子自认为了不起，瞧不起别人，对他人傲慢无礼，这是孩子对自己评价过高造成的。也就是说，孩子的自我认知出现了问题，缺乏自知之明，如果家长不及时疏导，会导致很严重的心理疾病。所以，当孩子自负时，家长可采用制冷的方法，用冷水泼醒孩子，让他们能够学会正确地评价自己和认识自己。

一般来说，如果家长自身条件比较好，经常目中无人，对他人很不屑，比如，经常说同事的缺点，某某不如自己等，孩子无形中就会模仿家长，只看到自己的优点，看不到自己的不足，同时，嘲笑他人的缺点。这样的话，孩子很容易有虚荣自傲的心理，喜欢在别人面前炫耀自己，并嘲笑别人的缺陷，比如，孩子经常穿好看的衣服，看不起那些穿旧衣服的孩子。

除了这些外，家长经常夸赞孩子，会使孩子认为没有人比自己厉害，便瞧不起任何人。如果家长经常在别人面前过度夸赞孩子，孩子就容易自负。当然，孩子产生自负的原因有很多，但从家庭方面来说，大多是家长过于宠爱孩子，使孩子不能对自己的能力进行正确地评价，加上他人夸大了孩子的能力，使孩子产生错觉，以为自己真像别人评价的那样完美无缺。

同事的女儿叫小莹，是一个优秀的小女孩。小莹刚开始上幼儿园时，就比其他小朋友聪明，所以，没上多长时间，她就去上小学了。后来，家长觉得学校的课程进程比较慢，已无法满足孩子的学习进程，便给小莹请了家教，提前让她学习。后来，她上完小学三年级，就直接跳级到五年级。

或许是因为跳级的原因，小莹比同学们小。于是，她就觉得同学年纪太大了，认为他们都很笨，没出息，便不想与他们一起玩。后来，老师发现小莹越来越不合群，就将此事告诉了小莹的家长，商量如何教育孩子。

在学校，只要老师有空，就跟小莹聊天，了解小莹的想法，然后，再想办法引导小莹。班里有活动的时候，老师会特意叫几个同学和小莹一起玩，让小莹通过与小朋友们接触，体验到同学之间互助的乐趣，慢慢学会发现别人身上的优点，并认识到自己身上存在的一些缺点。

在家里，爸爸会经常给小莹讲一些关于高傲自负而失败的故事，并告诫小莹不要向他们学习，小莹慢慢地不再自负，与小朋友们相处得很愉快。

有时候，有些孩子很聪明，自然会有很多人夸赞他，孩子听多了大家的夸赞，就只看到自己的优点，而不去想自己身上同时也存在的缺点。大家的夸赞让孩子变得很自负，这种优越感让孩子得意忘形，认为自己比任何人都厉害。

为了不使孩子有自负的心理，家长要改变自己不客观的评价方式，从实际出发，正确评价孩子。要知道每个孩子都有自己的优点和缺点，家长不能因为宠爱孩子，只看到孩子的优点，过度夸赞孩子，尤其是在他人面前不停表扬孩子。

对于孩子的优点，家长评价要适当，夸奖也要掌握好分寸，不能以偏概全，对孩子的缺点视而不见。家长要及时指出孩子的不足之处，让孩子改正自己的坏毛病。当孩子改正后，家长要及时夸奖孩子，是一个认识错误并改正错误的好孩子，这样，家长指出的缺点，孩子才乐于接受。

有时候，孩子太自负，不想和其他小朋友一起玩，认为他们"不够格"，会给人一种盛气凌人的感觉。他不光对小朋友这样，对家长也这样。孩子因为自负而不尊敬长辈，看不起家长在某方面的不足，渐渐地就不想搭理别人，只活在自己的世界中。

家长想改掉孩子的自负心理，可以多带孩子交朋友，为孩子找几个朋友，让他们在一起玩、写作业等，只有孩子将自己的心扉打开，才能逐渐发现别人身上的长处，认识到自己的不足之处。

除此之外，家长要多带孩子出去玩，去接触外面的世界，认识更多比自己优秀的人，使孩子明白"天外有天，人外有人"，孩子才能因自己取得的小成绩而狂妄自大，目中无人，而孩子也会体会到世界的博大，不会因"坐井观天"而自负，能够正确评价自己和他人。

5.5 爱说谎，多半是家长的错

孩子撒谎，家长就很担心，想办法纠正孩子的这种不良行为，但孩子依然我行我素，经常撒谎，弄得家长焦灼不安。其实，家长的担心并无道理，因为撒谎毕竟不是一个诚实的行为，它关系到孩子的品行和未来。

不过，孩子撒谎，多半是家长的错，比如，家长平时对孩子过于严厉，孩子犯错，害怕被家长训斥、打骂而撒谎，或者是模仿家长撒谎的行为等。发现孩子撒谎，如果家长一味地训斥、打骂孩子，孩子虽然受到了惩罚，但他们是因为害怕父母的权威才认错，并不会对自己的错误行为进行反省，也不会思考如何改正自己的错误行为，所以，家长要引导孩子，而不是惩罚孩子，惩罚不但解决不了问题，反而影响孩子对自己犯错的认知。

小智一个踏实、懂事的孩子，是四年级的小学生。有一次，同学们相约一起去少年宫玩，小智也想去，并跟他们约好了时间和地点。由于爸爸妈妈对小智一向比较严格，小智知道，如果直接告诉爸爸妈妈，跟同学去少年宫玩，爸爸妈妈一定会拒绝。

如果自己不去，自己在同学面前没有面子，同时，也会让同学觉得自己不讲信用。所以，他只好撒谎，告诉爸爸妈妈，下午，老师要带他们参观博物馆。但爸爸经过博物馆时，才知道博物馆那天没有开门。晚上，小智回来，爸爸妈妈就开始问小智去哪儿了。

刚开始，小智并没有说实话，后来，他说了实话，跟班里的几个同学一起到少年宫玩去了。于是，爸爸火冒三丈，拿起皮带，将小智打了一顿，身上青一块，紫一块的。其实，这是小智第一次撒谎，他原本以为，自己说实话，爸爸妈妈会原谅自己的，但没想到，爸爸居然打了他，使他伤心不已。自那以后，他就经常撒谎，而且每次都面不改色心不跳。

孩子撒谎，家长不应该打骂孩子，应该冷静分析孩子为什么撒谎。如果孩子的要求是合理的，却不敢告诉父母，这其实是一个比较严重的问题。家长应该反省自己，平时是不是对孩子过于严格，没有满足孩子提出的合理要求，或者拒绝孩子一些不合理的要求时，没有耐心向孩子解释拒绝的原因。显然，孩子撒谎，主要责任在于父母。

面对孩子的谎言，家长应该心平气和地与孩子进行沟通，如果孩子撒谎是为了守信，家长首先要对孩子的诚信表示肯定，并让孩子知道，答应别人的事，履行自己的承诺，这种行为是正确的，值得赞扬，但以后做什么事必须要与父母商量。

同时，要告诉孩子，只要是合理的事，一定要直接跟父母说，如果家长不同意，也一定讲清楚拒绝的原因。如果家长以前拒绝孩子的要求时，没有跟孩子解释，就要放下架子，向孩子道歉，并改正自己与孩子沟通的方式。

有时候，孩子撒谎，并非是全怪孩子，有可能是父母的教育方法出现了问题，使孩子不敢与家长进行沟通，而孩子只好用撒谎这个错误的方法来达到目的。所以，当孩子撒谎时，家长要心平气和地与孩子沟通，鼓励孩子说出真相，了解孩子撒谎背后的原因，孩子说出实情，要表扬孩子的诚实。

最近，我同事很烦恼，她告诉我，为了鼓励儿子能在英语竞赛中获得好成绩，她答应儿子，只要在竞赛中进入前五名，就带他去旅游，儿子很高兴，为了达到这一目标，他从那天起，每天都学习到很晚才睡觉。

功夫不负有心人，儿子的付出有了回报，在这次比赛中，儿子发挥得很好，取得了第二名的好成绩。儿子想着，终于可以去玩了，就把这个好消息告诉了我同事，我同事挺高兴的。后来，儿子提及出去旅游的事，但同事觉得那是玩笑，不能当真。

儿子觉得同事说话不算数，在欺骗自己，生气了，而且从那天起，再也不肯跟我同事说一句话，怎么哄他都不行。

很多家长为了鼓励孩子，通常都用奖励的方法来达到目的，但在现实生活中，孩子达到了家长提出的要求，轮到家长兑现的时候，家长要么装聋作哑，要么说只是开个玩笑，他们这种说话不算数或许只是一个"善意的谎言"。但家长却不知道，这种做法会严重伤害孩子，孩子会认为家长在欺骗自己，不但使孩子失去了对家长的信任，而且孩子总被家长骗，他们会模仿家长的行为去骗别人。

很多家长都认为骗孩子，都是为了孩子好，但这种行为无疑会在孩子心中会留下阴影，而家长也达不到目的，尤其是当孩子知道家长的骗局，会对家长无比失望、愤怒，对家长的信任大打折扣。

被家长欺骗的孩子进入青春期后，会变得异常叛逆，处处跟家长对着干，就是因为他们知道了家长太多的谎言和欺骗，家长的权威在他们心中崩塌了，孩子再也不相信家长了，自然也不会服从，在反复激怒家长过程中，他们反而从中得到了一种补偿。

一个合格的家长，即使是用善意的谎言，也不能欺骗孩子，每个孩子在成长过程中，都有自己不愿接受和面对的事情，要知道，欺骗只能带来短暂的胜利，而不能为孩子带来真正的成长。

如果家长希望孩子做一个自信、有尊严且负责的人，就不能轻视孩子，认为孩子小，什么都不懂，要知道，欺骗的树上是结不出忠诚的果实。在孩子成长过程中，家长和孩子都要经历一段艰辛的道路，而谎言并不是一条捷径，无法引领孩子走向人生正确的方向。

所以，家长做不到的事情，千万不要轻易向孩子承诺，因为家长与孩子之间的信任禁不起这样的消耗，如果家长答应的事情没有做到，就要学会及时"止损"。当家长无法兑现自己的承诺时,要及时向孩子道歉,诚恳地告诉孩子原因,请孩子理解家长。

遵守承诺从来就不是单向的,家长应该信守承诺,孩子就能在这种环境中,不断提升自己的自控力,学习也会更加优秀。当孩子无法兑现承诺时,家长可以宽容孩子,但不能迁就孩子,一旦彼此签订了契约,双方都要执行下去,这是家长以身作则的表现,给孩子做一个诚实守信的榜样,孩子自然不会撒谎。

5.6 爱说脏话，要冷静应对

在成长过程中，每个年龄段的孩子都会说脏话，比如，"你是大傻子"等。家长面对孩子说脏话，轻则训斥孩子，重则打骂孩子。虽然，说脏话是一个很没有教养的行为，但孩子的这种行为其实并没有我们想象中那么严重，家长不要如临大敌似的去对待，而是要冷静应对。

家长不能一味地教训孩子，多关注孩子说脏话行为背后的原因，以及孩子想要表达的情绪，只有了解了孩子说脏话的原因，采用恰当的方法，才能轻松解决孩子说脏话的问题。

小丽是一个14岁的初中生，是一个乖巧的女孩，妈妈最近发现女儿总说粗话，这让妈妈感到很意外。小丽的妈妈和爸爸都是知识分子，在家里，谁也没有说过这样的脏话，而且女儿小时候，是一个很乖的孩子，从不骂人，生气的时候，顶多说一句"神经病"，妈妈不知道女儿什么时候竟然学会了说脏话。

于是，妈妈决定找个空闲时间与女儿进行沟通。通过与女儿交流，妈妈才知道，并不是女儿一个人这样，他们班里的很多学习好的女生也经常这样说话，在这种环境下，女儿才学会了爆粗口。

孩子到了一定的年龄，突然口吐脏话，有些家长会狠狠教训孩子，或者毒打孩子，或许孩子当时不敢再说了，但时间一长，他还会继续说。其实，孩子都喜欢模仿，不管是好的，还是坏的，他们都喜欢模仿，脏话也不列外。

特别是孩子周围的语言环境不那么纯净，比如，家人或同学经常说脏话，或者接触一些不良信息，比如，不适合孩子看的电视节目等。孩子之所以很快就学会了脏话，是因为坏话是他们不经常听到过的，他们觉得又新奇又有趣，想说说看。

所以，家长与其责备孩子，不如尽可能地为孩子营造一个文明的语言环境。在孩子面前，家长要多注意自己的言行举止，不要说脏话。同时，家长要教孩子明辨是非，让他们知道，说脏话是一个不文明的行为，这样做可能会造成什么后果，比如，不被老师或小朋友喜欢等，只有孩子具备了对脏话的"免疫力"，才有利于孩子健康成长。

有时候，孩子如果愿望没有得到满足，他们就会通过脏话来宣泄心中的不满，借用语言的力量让自己好受些。对于孩子来说，这是一种心理需要，家长不能盲目打压，而是要帮助孩子化解负面情绪，并教孩子使用规范的语言，比如，"我很生气""我不喜欢你这样做"等，孩子说脏话的行为也就慢慢消解。

又到了一年一度的家庭聚会，吃完饭，大家你一言我一语，话题全是围绕着孩子。我与表姐坐在一起聊天，我向表姐倾诉了自己最近遭遇的烦恼。我告诉表姐，自己前几天被儿子老师叫到了学校，老师说儿子上课时，传纸条骂人，并且将纸条拿出来给我看，只看纸条上赫然写着几个句子，比如，"×××，你是猪！""×××，你是大傻子！"等。

回到家后，我与儿子好好沟通了一次，说了很多大道理，比如"说脏话不好""说脏话不礼貌"等，儿子非但没有改正，反而变本加厉，我真的忍无可忍，特别想把他揍一顿。表姐听了我说的话，劝我不要打骂他。她对我说，她的儿子曾经也说过脏话，她教训过很多次，都没有效果，表姐夫一出马，处理的非常好，孩子从那以后再也没有说过脏话。

我急切地问表姐："表姐夫怎么做到的，你快告诉我，我都快急死了。"表姐笑着说："别着急，听我细细说来，你取取经。"然后，表姐告诉我，老师把表姐夫叫到学校，将孩子骂人的事，告诉了他。

回家后，表姐夫什么话都没有说，倒是孩子沉不住气了，就问表姐夫："爸爸，班主任老师是不是找过你了？"表姐夫说："是啊，怎么了？"孩子说："那你怎么不像妈妈那样教训我？"爸爸笑着说："难道你很喜欢被人教训？"孩子说："不喜欢！"爸爸又说："你这样做是不是为了引起同学们的关注？"孩子回答："嗯！我觉得这样很好玩，很酷。"

然后，表姐夫从口袋里掏出老师给他的纸条，打开纸条，指着纸条上的字，对孩子说："你看，你写的纸条上面有很多错别字，而且骂人也没有水平，这样很丢人的。"孩子吃惊地看着爸爸，爸爸没有看他，而是认真地向他讲解纸条上有哪些错别字，字怎么写更好看，句子怎么写更通顺等。

最后，爸爸和蔼地对孩子说："儿子，骂人不一定要用脏话，你完全可以用更艺术的语言去表达，比如形容一个人赖，可以说他懒得像只树懒，形容一个人胖，可以说他像只熊猫等，当然，你如果想受到同学们的欢迎和关注，赞美别人比骂别人更容易受到同学们的关注和喜爱，不信，你试试！"

从那天起，表姐再也没有被老师叫到学校去，而且孩子的语言表达能力越来越强，写的作文常常被老师当范文在班里传阅。听了表姐的诉说，我很佩服表姐夫的这种教育方式。

大部分孩子通过模仿习得脏话后，过段时间，就会渐渐淡忘，但有些孩子的脏话就会固定下来，这与对孩子的引导有直接的关系。最初，孩子偶尔蹦出脏话，家长觉得既滑稽又可笑，不及时纠正孩子，孩子爱说脏话的行为就被家长的反应强化了，以后就会经常这样说来引起关注。当家长意识到问题的严重性的时候，想纠正孩子就比较困难了。

当然，如果家长平时不怎么关注或表扬孩子，当孩子说脏话时，才去关注孩子，比如，打骂、训斥等。对于孩子来说，他们不怕被惩罚，就怕没人看见，如果说脏话可以让家长看见自己，就会通过这样的行为来获取家长的关注，并一直这样保持下去。

当发现孩子说脏话，家长不要用批评教育的方式来打击孩子的自尊心，而是教孩子在错误中学习处理问题的方式，引导孩子规范自己的语言，并告诉孩子，不可随便乱说脏话，会让人听起来不舒服，甚至会惹怒他人。

如果家长处理不好孩子说脏话这个问题，可能会让孩子更加叛逆，甚至会造成更严重的后果。所以，家长不要强行制止孩子，打骂孩子，以免刺激孩子，即使孩子迫于家长的权威暂时不说脏话了，但在心里会留下不可磨灭的伤痕。

所以，孩子喜欢说脏话，家长不要过于关注孩子表面上的脏话行为，而是要多关注孩子内心真正的需求。同时，家长不要反应过度，态度上要重视，行为上要淡化。

5.7 偷窃，需正确引导

在成长过程中，几乎每个孩子都有过偷窃的行为，当家长发现孩子有了这种行为后，大多都很气愤和担心。俗话说"从小偷针，长大偷金"，正因为如此，家长才会对孩子进行严厉的批评，甚至打孩子，他们害怕孩子学坏了，长大以后走上犯罪的道路，但这种打骂的方式往往没有什么效果，孩子还是会出现偷窃的行为。

在生活中，孩子常常将不属于自己的东西拿回家，这种现象很常见，面对孩子的偷窃行为，家长的反应是很重要的，如果处理不当。就会影响孩子的一生，所以，家长需要正确引导孩子，让孩子从中吸取教训，经一事长一智，使其有尊严地走上正确的道路。

小宇是一个12岁的男孩，经常跑出去玩，很少在家待着，甚至住在同学家几天，让父母疯了似的到处找，最后，通过老师，父母才找到小宇。最令家长感到气愤的是，小宇经常偷钱跑去玩游戏。为此，父母平时没少给小宇讲道理，但他依然偷钱。

有一次，小宇趁父母不注意，又偷了500元跑去玩游戏。当小宇回到家时，兜里只剩50元，父亲顿时火冒三丈，拿起扫把就毒打了他一顿。父亲认为，棒棍底下出孝子，孩子不打不成器，如果再放纵小宇做出偷钱这种事，会毁了孩子，但除了打孩子，也没有其他的办法。

在生活中，不少家长会定期给孩子零花钱，但对于没有经济能力的孩子来说，进入五彩缤纷的世界，除了衣食住行要依赖家长外，还有各种欲望需求。很多家长认为，孩子不会过于追求物质，但现实情况并非如此。

在互联网的影响下，孩子的欲望会被放大很多倍，加上周围身边的小伙伴都有零花钱。如果孩子没有零花钱，或者零花钱太少，受到外界的诱惑，就会偷家长或同学的财物，以此来满足自己的心理欲望。同时，孩子觉得拥有了零花钱，才能和其他小伙伴一样，是平等的。如果孩子需要借助某件东西才能加入伙伴们的生活，家长可以适当地满足孩子。

另外，有些家长比较忙，与孩子很少沟通，孩子缺少了情感和关爱，也就是说，孩子的情感需求没有得到家长的关注，他们就会感到无聊。加上惹上偷窃的恶习，他们不愿意与其他小伙伴接触。有时候，他们也会因为偷窃而感到自卑，通常，他们在学校的朋友不会太多，因而没有表现自身感受的渠道。对于这样的孩子，家长最需要做的是，让孩子感受到他们的爱。

当家长得知孩子偷窃，切不可用打骂的方式来管教孩子，以免孩子屡教不改。如果孩子偷了他人的东西，家长要及时监督孩子归还物品，并要求孩子向他人道歉，保证以后不能再犯这样的错误。当然，如果家长陪孩子一起道歉，更容易让孩子改掉偷窃的坏毛病。

如果家长发现孩子偷了家里的钱，可大概算一下孩子拿钱的数目，并与孩子进行沟通，家长需要明确告诉孩子，拿的钱必须要归还，可以通过做家务活或扣除部分零花钱的方式还钱。如果孩子表现的不错，可以适当增加零花钱。

孩子有过偷家里的钱的行为，家长不能认为家里丢钱就是孩子偷的，没有证据的胡乱猜测，只会伤了孩子的心。家长应该相信孩子，不要认为孩子偷窃就断定孩子的品行有问题。要知道，面对孩子偷窃，家长的反应很重要，如果家长反应过大，会使孩子走向极端。

小峰是一个初中生，性格比较活泼，是一个懂事听话的孩子。有一次，妈妈发现自己放在钱包里的钱少了200元，就问小峰爸爸，小峰爸爸表示没看见。这时，妈妈开始怀疑是小峰拿的。

当小峰回到家，妈妈问他是否拿了钱包里的钱，刚开始，小峰还不承认，后来，经过妈妈的再三询问，小峰才承认自己拿了钱。妈妈心平气和地问他："你用钱做什么了？"小峰告诉妈妈，好朋友屡次带他玩，这次，他想请好朋友去玩，所以拿了妈妈的钱。

妈妈知道小峰拿钱的原因后，并没有大吼大叫，而是告诉他："你下次需要钱，可以直接跟妈妈要，但你这次没有经过我的同意，就拿我的钱，我要惩罚你，你欠了我200元，以后要慢慢还给我"。

事后，妈妈就当这件事没有发生一样，为小宇准备了晚餐，又像平时一样和孩子聊天。从那以后，孩子再也没有偷拿妈妈的钱，还时刻惦记着将拿的钱还给妈妈。

孩子偷窃，家长适当地惩罚孩子，有助于帮助孩子吸取教训，改正这种不良的行为，而不是怨恨家长的管教，变得更加叛逆。不管家长采用何种方式惩罚孩子，都要知道，惩罚是爱的一种手段，一定要掌握好那个度。

实际上，孩子受到惩罚后，最反感的就是家长总是旧事重提，这种经常翻旧账的做法，会伤了孩子的自尊心。所以，一旦惩罚结束，家长一定要让孩子知道，父母依然像以前那样爱他，这件错事已过去了。

有时候，教育孩子并不是只教孩子书本上的知识，更多的是教孩子生活上的学习，让孩子学会为自己的行为负责。其实，通过体验的教育方式，比如，捡废品卖钱等，让孩子体会到赚钱的不容易，不用打骂，这也是值得家长采用的一种教育方式。

家长惩罚孩子，是让孩子学会承担后果，并改正自己错误的行为。但如果家长对孩子采用情绪化的惩罚，就会适得其反，所以，孩子犯错，家长不能单纯地打骂孩子，因为这种教育方式非但起不到任何作用，反而会让孩子知道，这样做会惹家长生气，那他下次就会偷偷去做，只要不被家长发现就好，并没有真正理解偷窃是一种错误的行为。

当家长发现孩子偷窃时，首先要保持冷静，要明白，孩子有了偷窃的行为，并不代表他以后就变成小偷，这只是孩子的一种不良行为。家长需要耐心地与孩子进行沟通，了解孩子偷窃的真正原因。

然后，家长需要跟孩子明确底线，不能因偷窃而完全否定孩子，应就事论事，为孩子保留一些自尊心，并告诉孩子，偷窃这种行为是不被他人所接受的，如果做了，就要勇于承认自己的错误，并为自己的行为承担相应的后果。

想要改掉孩子偷窃的不良行为，家长就要以身作则，不能贪小便宜，或者没有经过别人的允许就拿别人的东西，要为孩子树立一个好的榜样。同时，不管是物质方面，还是精神方面，家长都要多关心和关注孩子。当家长发现孩子有偷窃行为时，一定要及时纠正孩子，采用恰当的方法，就能轻松解决孩子偷窃的问题。

第6章

调整心态，让孩子快乐成长

一个人如果想成功，必须要有一个好心态。在人生的道路上，孩子不可能一帆风顺，他们遇到各种人与事时，难免会发脾气、抱怨、妒忌等，情况严重的，甚至会抑郁。面对孩子的各种情绪，如果家长能够及时发现孩子的情绪变化，多关心孩子，多与孩子进行沟通，帮助孩子调整心态，远离负面情绪，孩子才能快乐成长。

6.1 爱发脾气，帮助孩子处理负面情绪

孩子渐渐长大，在生活和学习中，会遇到很多不顺心的事。当他们无法控制自己的情绪，经常发脾气时，家长的第一反应是讲一大堆道理说服孩子，还是用大吼大叫的方式训斥他？其实，不管家长选择哪一种方式，都不能解决真正的问题，反而会让事情朝着更坏的方向发展。

孩子的情绪失控了，家长应该接纳并转移孩子的情绪，这样会让孩子的情绪得到扭转，更快地好起来，如果家长只是做到"接纳"，可能会放大孩子的坏情绪，并不能很好地帮助孩子处理负面情绪。

小松是一个十四岁的男孩，上初二，学习成绩在班里处于中游。令妈妈感到头疼的是，小松的脾气比较暴躁，动不动就发脾气，只要遇到不顺心的事，他就控制不住自己的情绪，必须发泄出来才行。

有时候，他考试没考好，就会撕了卷子，怪老师出题太难太偏，让他做不出来；有时候，他上课迟到了，老师批评了他，回家就会朝妈妈发火，怪妈妈没早点叫他起床；学骑自行车，他不小心摔了一跤，就怪自行车，用脚使劲踢车子。

有一次，同桌不小心碰掉了他的书，他就生气动手打别人，将别人的鼻子打流血了。由于他在学校经常因为一些小事和同学大打出手，老师向妈妈反映了他在校的情况，妈妈也很无奈。因为在家里，爸爸妈妈指出他

的缺点，无论他们怎么说，他就只会大吼大叫，根本不听，气得爸爸妈妈真想打他。

妈妈也不知道如何做才能让小松不乱发脾气，和同学友好相处，能够尊重长辈。

在生活中，很多孩子的脾气比较大，家长软硬兼施，孩子就是改不了这个坏脾气。其实，孩子发脾气，家长首先需要弄清楚孩子发脾气的原因，根据孩子的不同情况，再不同对待，就能轻松应对坏脾气的孩子。

随着孩子不断长大，他们想自己独立去解决一些事情，但由于能力有限，缺乏社会知识经验，解决问题的方法不对等原因，经常弄巧成拙。由于孩子的情绪自我调控能力较差，做事比较冲动，当他们做不好某件事感到有压力时，或者受到家长或老师批评、指责的时候，他们通常就会乱发脾气，控制不住自己的情绪，产生攻击性行为。

有时候，家长过于溺爱孩子，只要孩子发脾气，家长就会心软，不管孩子提出的要求是否合理，就满足他们的愿望。其实，家长这样做，无形中会"强化"孩子的这种坏脾气，让孩子知道，通过发脾气就能让家长"乖乖就范"，达到自己的目的。

小尚上四年级，经常将物品乱扔，为此爸爸妈妈没少说他。有一次，他放学回家，一进门就把书包、鞋子扔得到处都是。爸爸下班回到家，一看满地的东西，便训斥他："说你多少遍了，不要把东西乱扔，要把东西都摆放好，你看看，满地都是你的东西，这毛病就改不了是吧？"

小尚听了爸爸的话，有点不高兴，噘着嘴，将鞋子、书包从地上拿起来。然后，他慢吞吞地将鞋放进鞋柜里，把书包放在沙发上。爸爸看到他这样的态度，顿时有些火了，顺手推了孩子一下，说："怎么了，我说你，你不接受是吧？"

这一下子将小尚惹火了，他瞪着眼睛，攥着拳头开始跟爸爸对抗。爸爸见状，大声训斥他："嚯，翅膀长硬了是吧，我是你爸爸，我挣钱养你，供你吃，供你喝，供你上学，怎么着，敢跟我瞪眼了！"

爸爸也很生气，眼看着爷俩就要打起来，妈妈赶紧出来挡在他们中间。妈妈先是将小尚搂在怀里，用手扶着他的后背。等小尚不再愤怒了，妈妈才安抚他："我刚才看见你已经开始收拾了，只是爸爸的脾气太急躁了，你是不是觉得很委屈？"

这时候，孩子的眼泪开始吧嗒吧嗒地掉下来，等孩子不哭了，妈妈又对他说："小尚，爸爸今天对你有点急躁了，其实，爸爸也不是总对你着急的，他平时对你不是这样的，对不对？爸爸平时是不是很疼你的，比如，他还跟你一起玩游戏、给你做手工制作等，你可以原谅爸爸吗？"

然后，妈妈又接着说："如果你原谅了爸爸，就拥抱一下爸爸，好不好？"其实，爸爸也意识到了自己发脾气不对，赶紧主动过来抱孩子一下。从那天起，家里的氛围一直都很好。

孩子发脾气，其实是在向家长释放一个信号，而家长需要做的就是读懂孩子发脾气的真正原因。有时候，孩子为了获得关注而发脾气，有时候是家长忽视了他们的需求而发脾气，有时候，孩子是因为自己做事遇到挫折没有耐心而发脾气。

然而，每当孩子发脾气，很多家长都不理解孩子，却用更大的怒火来压制孩子的火气，更大的声音盖过孩子的吼叫，导致双方都陷入情绪失控的境地。家长的这种做法显然是不正确的。要知道，孩子还不懂调控自己的情绪，当他们的要求没有得到满足或受委屈时，就爱发脾气，这个时候，如果家长与孩子硬碰硬，不理解孩子的感受，对孩子情绪视而不见，只想用大吼大叫来压制孩子，只会让事情变得更糟糕。

孩子发脾气，家长要学会接纳孩子的情绪，对于孩子的感受要给予同情，安抚他，再说明原因，并给出解决问题的办法，比如，"我知道你很想吃西瓜，但我没有带钱，等下次我带钱，再给你买好吗？"家长只有先肯定了孩子的需求，让孩子觉得自己被理解了，就能消解孩子的负面情绪，也更容易接受家长给出的意见。

家长需要知道的是，接纳孩子的情绪，并不表示家长要妥协和纵容孩子，它有个前提就是明确告诉孩子规则，确立边界。这样我们不但可以引导孩子解决问题，还能教孩子如何控制好自己的情绪，但我们的原则并没有变。不可以做的事情就是不可以答应孩子。

很多孩子爱发脾气，可能是不懂得如何正确表达自己的情绪，他们只能通过生气、耍小性子、哭闹等方式来发泄。其实，孩子发脾气是一种本能，而控制情绪是一种能力，需要在引导和实践中不断学习而获得，所以，家长的教育就很重要了。

当孩子感到委屈、愤怒或被忽视时，家长要鼓励孩子说出自己的感受，家长可以通过询问的方式，比如，你的好朋友不跟你玩，所以你感到很生气等，引导孩子认识到自己的各种情绪，并用语言表达出自己的感受，这是孩子学会管理情绪最关键的一步。

孩子发脾气，并不可怕，最可怕的是，孩子渐渐成为一个不会表达情绪的人。有时候，孩子会通过哭闹的方式提出某种要求，这个时候，家长需要教孩子好好说话，等孩子情绪恢复后，教孩子用语言表达自己想要什么。

一般来说，家长爱发脾气，孩子多少也会乱发脾气，所以，家长必须以身作则，管理好自己的情绪，孩子也会在家长的影响下，学会更好地管理自己的情绪，采用正确的方式去解决问题，不会乱发脾气。

总之，孩子发脾气，家长在坚持原则的情况下，理解孩子，并接纳孩子的情绪，而不是急于控制孩子，用耐心温和地陪伴孩子，正确引导孩子，帮助孩子正确面对和处理自己的情绪，做一个受人欢迎的孩子。

6.2 爱抱怨，不要着急提建议

现在的孩子大多是独生子女，从小被家长或长辈们小心呵护，他们提出的要求，几乎都被轻易地满足。当他们逐渐长大，在生活中，偶尔会遇到失意或坎坷，他们大多选择抱怨，如何调整他们抱怨的心态，接纳这个美丽而并非完美的世界，是家长最关心的问题。

孩子抱怨时，家长不能被孩子的情绪所影响，要认真倾听孩子的表述，找到孩子的纠结点，并客观、理智地分析孩子遇到的问题。同时，家长不要急于给孩子提建议，要先帮孩子理顺问题，再和孩子一起解决问题。

小刚是初三的学生，一天放学回家，他告诉妈妈，英语老师换了，现在教他们的是一个刚退休的老师。妈妈认为，老教师经验更丰富，没觉得有什么不好。

后来，小刚总向妈妈抱怨。有时候，他很气愤地跟妈妈讲英语老师的种种"恶行"。小刚是一个内向的孩子，这个新换的老师能让他的情绪如此失控，妈妈觉得事情并没有那么简单。于是，妈妈想有机会与老师沟通一下。

没过几天，老师给她打电话了，向她反应了小刚在英语课上的种种表现，比如，小刚上课不专心，做事有些磨蹭等。妈妈觉得老师对孩子要求比较严格，是一个负责的老师，就表示会配合老师的工作，帮助孩子进步，并请求老师多关注和帮助小刚。

小刚放学回家，妈妈跟他谈了老师反应的一些问题，他气得眼睛有些微红，说："妈妈，我已经很努力了，老师分明是在找茬，不信，你可以问问班里的其他同学！"妈妈这才意识到，也许是小刚受了什么委屈，她怕跟孩子谈，孩子会抵触。

于是，妈妈就加了其他家长的微信，与他们聊聊这位新老师。当她得知自己的儿子一天最多的时候，被罚站了四节课，很心疼孩子，觉得小刚受委屈了，同时，她也很气愤。家长们建了一个小群，大家想找学校反映这个问题，想换掉这位老师。

后来，妈妈将这件事告诉了一位朋友，这位朋友在教育行业很有经验，她帮妈妈分析了老师和孩子的情况，也剖析了妈妈的态度。她认为，老师或许有问题，但家长和孩子的问题也需要正视。因为家长毕竟不能帮孩子一辈子。孩子的路很长，会遇到各种各样的人，会遇到很多问题，比如，同学排挤、领导刁难等。如果孩子只会抱怨，不去面对，不想办法解决，他以后的路该怎么走。

和小刚沟通时，妈妈摆正了心态，告诉小刚，她当学生时，是如何与老师相处的，讲了很多老师的故事，小刚学到了很多与老师相处的方法。同时，妈妈告诉他，人都有自己的脾气和秉性，我们要学会接纳，而且遇到事，要学会想办法，去争取，而不是生气、抱怨。

后来，小刚认识到了自己的优势和劣势，也做了学好英语的计划。他表示，以后会改掉上课走神、磨蹭的坏毛病，多接触老师，让老师看到自己的努力。渐渐地，小刚与老师的关系有所改善，有时候，他还能跟老师开几句玩笑，妈妈趁机鼓励了他。

有时候，事情本身并不会让孩子难受、生气，而是他们对事情的看法，只有他们改变了自己对事情的看法，感受也就随之改变。所以，家长要经常鼓励孩子为自己的想法和情绪负责，让他们做自己思想和情绪的主人。

家长需要告诉孩子，与其抱怨不如争取，自己想要的东西，要自己努力去争取，不要期待他人或环境做出改变。既然事情已经发生了，即使抱怨也不可能再改变既定的事实，只有学会接受，才能让自己不再痛苦。家长要鼓励孩子乐观、积极地想问题，多看事情的好的一面，并寻找解决的办法。

有时候，孩子抱怨只是一种坏习惯，而这种坏习惯可能是受家长的影响养成的。如果家长喜欢抱怨，自然孩子会变得爱抱怨。抱怨是没有用的，而没有一个人喜欢爱抱怨的人，想要不让孩子爱抱怨，家长就要注意自己的言行，不要在孩子面前抱怨。

周五放学，儿子回到家，就对我抱怨道："妈妈，今天作业好多啊，我们老师也真是的，一到周末，就给我们布置很多作业，也不让我们多玩会儿。"面对孩子的抱怨，我对他说："老师布置作业是对你们负责，让你们巩固一下所学的知识，再说，你早点写完作业，不就有很多时间玩了吗？"

儿子却说："妈妈，你不知道，老师给我们发了几张英语试卷，还要求我们背会几篇课文，这得什么时候才能完成作业。"我心想，这点作业就说多，儿子可真懒，但又想，儿子现在正处于情绪化的时候，如果我一个劲地批评和压制他，恐怕他会拒绝与我交流。

于是，我对儿子说："是吗？这次怎么这么多作业，那真是要写很长时间了。不过，以前老师好像没有布置这么多作业。"儿子说："就是，今天，我可真倒霉！"然后，我就说："那我们赶紧想想，这两天怎么安排时间做作业吧？"

儿子说："我今晚先把数学作业做完，明天再写语文和英语作业吧。"我赶紧鼓励儿子："会自己安排时间了，有进步！"然后，儿子高高兴兴地去拿数学书和作业本，坐在桌子前开始写作业，写完作业，儿子就早早地睡觉了。第二天，儿子很早就起床开始写语文和英语作业。

孩子抱怨作业太多，家长不能立即纠正孩子的价值观，教孩子学会吃苦，也不能帮老师说话，更不能批评孩子太懒惰，爱抱怨。家长需要做的就是先稳定自己的情绪，再引导孩子思考。

其实，孩子有时候抱怨，也只是想向家长说一说，希望被家长理解。这个时候，家长只需要让孩子感受到理解和支持，就能缓解孩子的情绪压力。同时，我们需要引导孩子，比如，我们想想安排时间做作业等，这就是鼓励和支持孩子，帮助孩子从抱怨的情绪中走出来，进行自我反思。

家长理解并接纳孩子的情绪，引导孩子进行思考，就能帮助孩子解决问题，这比家长说一大堆话去证明孩子的抱怨是错误的更容易让孩子接受。这个时候，孩子也比较容易从感性的情绪走向理性的分析，并想出解决这个问题的办法。

当孩子有了解决问题的办法，家长不要强迫孩子使用自己的方式去解决问题，孩子的问题，可以让孩子自己去解决，这是对孩子的肯定，也是孩子的要求，家长只有信任孩子，孩子才不会拒绝。

也许每个孩子抱怨的事情都一样，但他们的内在需求可能不一样。家长只要找到孩子的心理需求，就能帮助孩子减少抱怨。抱怨会有很多负向能量，如果家长能够充分满足孩子的情感需求，让孩子积极、乐观地看待问题，就能使孩子学会正向思考，远离抱怨。

6.3 抑郁,难以被察觉的"隐形杀手"

当孩子出现情绪低落、无精打采的表现,对自己没有信心,并伴有失眠、头疼等症状,家长就要引起重视,因为孩子一旦出现这种症状,极有可能患有抑郁症。

家长千万不要等孩子抑郁程度比较严重了,比如,自暴自弃,甚至出现自残、自杀的行为的时候,再后悔就晚了。对于青少年来说,抑郁这个难以被察觉的"隐形杀手",已成为他们自杀死亡的主要原因之一。

小豪上初二时,从家中的 11 楼跳下,结束了自己的生命。后来,妈妈由于他的离开也跟着跳楼身亡。小豪临死前留下遗书,上面写着:"我这一生,从来没给你们争过光,有时还老惹你们生气。希望你们不要记恨我,我只想说,能做你们的儿子,我很幸福。我要对大家说,谢谢你们一路陪伴。我走了,离开了这个世界。这不是任何人的错,一切都因为我。"

实际上,在生活中,这并不是个例,尽管这个话题比较严肃、沉重,但抑郁症这个隐形杀手确实很难察觉,它对孩子的伤害极大。对于青春期的孩子来说,抑郁发病率越来越高,而且抑郁程度都很严重。

过去很少听说青少年自杀,但现在,尤其是一线城市,每年都会有孩子用各种方式来结束生命。抑郁发病率越来越高,又不容易识别,当悲剧产生后,才有可能被他人知晓。所以,家长必须要重视青少年抑郁症。

通常，我们会将 12 岁以前出现的抑郁，称为儿童阶段的抑郁症，而在 12 岁至 18 岁阶段出现的抑郁，称为青少年的抑郁症，在这个年龄段，孩子正处于青春期，青春期本身就会表现出一种独特的特质，所以，在这个时期，很难识别出一个孩子是否患有抑郁症。

小玲是一个初中生，自从她的弟弟出生后，全家人的注意力都在弟弟身上，忽视了她的感受。父母很少与她沟通，渐渐地，她也很少与家长诉说心里话，与父母的关系越来越疏远。

或许是因为学习的压力，或许是受到同学们的排挤，或者是情感上受挫，加上父母没有及时发现她的心理状态，这个女孩慢慢地有些抑郁了，经常心情低落，不想活了，甚至自残过，而父母却不知道这件事。她自残后，手上留下了很多伤痕，为了不让别人知道，她很少穿短袖，基本穿的都是长袖。

孩子处于青春时期，压力过大或得不到关注，负面情绪无法宣泄，长此以往，就容易抑郁。有些孩子得了抑郁症会有割腕的行为，伤口并不是很深。他们通常会用长袖来遮盖伤口，因而不会被周围的人发觉，这是家长们需要注意的一点。

通常，青少年患抑郁症会有两种极端表现：一种是比较爱发脾气，只要得不到满足，整个人会暴怒、崩溃，他会有无助感，即使他已有十五六岁，但他没有办法得到自己想要的东西，这种无助感就会令他感到崩溃；另一种就是心情会很低落，整天无精打采，对什么都不感兴趣，他会有内疚、羞耻等情绪，觉得自己一无是处，无法达到父母的期望，做什么都不对，这是一种自我攻击式的抑郁，这种抑郁很消沉，与成人的抑郁症相似。

从危险性来看，心情低落的孩子比暴躁的孩子更危险，因为一个暴躁的孩子，他是没有力量去自杀的，他处于一个婴儿的状态，但如果他处于成熟的状态去经历抑郁，他就有了思考能力，一旦他想清楚自杀，就可能真的去做了。

如果孩子经常发脾气，很可能是抑郁的前兆，因为有些孩子抑郁不容易被发现，他们看起来并不抑郁，就是脾气比较暴躁，这可能就是一种提示，孩子患了青少年抑郁症。

小辉是一个优秀的孩子，学习成绩很优异，因而考上了一个重点高中。自从考上高中，小辉有些变了，经常对父母说"不想上学"，还经常伴有头疼、厌食等症状，他开始变得爱发脾气，每次发脾气就在家乱涂乱画，甚至有时候他还用毛笔写好几个"忍"字，扔得到处都是。

小辉经常喜怒无常，对任何事都没有兴趣，情绪经常低落，不想上高中，只想回到初中。父母很担心他，但无论他们怎么问，小辉都不想跟父母说说心里话。后来，爸爸想到了以前很关心孩子的初中班主任老师，就想让这位老师去与小辉进行沟通，想了解一下小辉内心的想法。

这位老师与孩子交流后，父母才知道，高中老师讲课太快，小辉经常还没听明白，老师就继续往下讲了，使小辉跟不上老师的进度，导致小辉勉强在班里排名中游。每次看到同学学习，小辉就着急，也拼命学，但成绩却没有上升。小辉经常会无理由地想哭，常常一个人发呆，有心事也不跟任何人说。

小辉的父母经常吵架，妈妈心情不好的时候，还会把小辉当出气筒，这使小辉对环境很敏感。小辉进入高中后，由于缺少情感的依附，他不知道如何正确对待焦虑和冲突。所以，他即使心里不开心，也不愿意跟父母沟通，经常在家发脾气。由于功课落下很多，加上他经常发呆和情绪不稳定，浪费了一些时间，小辉觉得自己很笨，每次考试都考不好。

小辉告诉初中的班主任老师，他怀念以前的初中生活，现在，他的学习不好，父母又经常唠叨他，他很难过。他很害怕上学，害怕考试，不知道该怎么办？

不难看出，孩子在心理上自我禁闭，这是一种抑郁的心理。抑郁经常发生于孩子的青春期，它是一种持久的、忧伤的情绪，常伴有身体不适、无法安稳入睡等问题，一般来说，女孩比男孩更容易患抑郁症。

每个孩子的心理都不一样，造成孩子抑郁的原因也多种多样，比如，学习压力大、家庭不和睦、被同学排挤等，这些都有可能让孩子有抑郁心理。孩子的抑郁情绪成因也有各种各样的原因：有的孩子一直受到不良情绪的影响；有的孩子对一些事情的理解存在偏差，这些偏差经过长期的强化并存留在他的脑海中；还有的孩子生活或情感发生了巨大的变化，这种变化推翻了孩子原有对世界的认知，孩子就容易抑郁。

孩子容易产生抑郁心理，并没有得到家长们的重视。家长在教育孩子时，容易忽视孩子的精神健康状态，家长关注不到孩子的精神世界，无法及时发现孩子的情绪变化，导致孩子抑郁了。然而，很多家长并不认为孩子抑郁是一种病，反而觉得是孩子不听话、变坏了等。

其实，孩子的抑郁心理能否得到纠正，关键在于家长的态度。家长需要明白，孩子抑郁是一种自然的情况，很多人都有过这种不良情绪，只是每个人的抑郁症轻重不同，或者有的人由于抑郁程度较轻而被忽略。

当孩子有了抑郁心理，家长不要惊慌，抑郁心理是可以治疗的。抑郁时孩子心理上的自我封闭，是孩子对某些事没有想开，只要家长多关心孩子，多开导孩子，让孩子的思想有些转变，孩子的抑郁情况就会慢慢有所好转。当然，家长纠正孩子的抑郁要理性，切不可盲目冒进。

当孩子是因为学习压力而抑郁的，家长需要淡化孩子的认为自己学习差、一无是处、很笨的思想，需要让孩子知道，他身上有很多优点，即使不是很聪明，但勤能补拙。同时，家长要让孩子知道，正是因为这些不合理的信念使他很沮丧、绝望，导致自己上学很紧张。家长还要告诉孩子，一次考试没考好，并不代表永远考不好，只要发现学习上的薄弱点，有针对性地进行学习，就一定能提高成绩。

面对抑郁这个隐形杀手，家长一定要在悲剧发生前，用心倾听孩子内心的想法，用心体验孩子的内心发生了什么，即使有羞耻感，也要明白，没有什么比生命更重要。在现实生活中，不少患有抑郁症的孩子，他们选择结束自己的生命时，家长才知道孩子已抑郁了很久。

其实，孩子曾经向家长发送过求助的信号，只是家长总是用一种理论的方法去对待他,而不是用自己的情感去回应,使孩子有了轻生的思想,想以这种方式逃避负面情绪。所以,家长再忙再累,也不能忽视孩子的精神世界,多关心他们,多与他们沟通,及时帮孩子疏导负面情绪,让他们远离抑郁。

6.4 妒忌，如何根除这颗"毒瘤"

在生活中，很多家长为了增强孩子的自信，经常鼓励和表扬孩子，但他们却不知道，过多的、不恰当的鼓励和表扬，会使孩子认为自己是最优秀的，没有人能比得上自己，如果他的某方面不如别人，他就无法接受，从而产生妒忌心理。

孩子一旦产生妒忌心理，就会对被妒忌者持有冷漠、贬低、排斥甚至敌对的态度，如果家长能及时发现孩子的妒忌之心，帮孩子根除"妒忌"这颗"毒瘤"，使孩子拥有豁达的心态，就能让他快乐成长。

小薇上四年级，刚从外地转入新的班级，她的学习成绩很好，是一个活泼、开朗的孩子，善于表达自己，积极参加学校和班级组织的各项活动。

小薇的爸爸妈妈都在外地打工，收入比较高，家庭条件也比较优越，又是家中的独生女，爷爷奶奶都很宠爱她，加上她很聪明，家里的人更是什么事都顺从她，在学校，由于她学习好，老师们很器重他，同学们都很崇拜她。

在班里，没有几个人愿意跟她玩。因为她看到别人穿得比自己漂亮，或者其他同学受到老师的表扬，心中就不开心，见不得别人比自己行、超过自己，甚至有时还故意找别人的茬。

孩子由于年龄小，认知水平比较低，喜欢在别人面前表现自己，但自我控制能力又比较差。在生活中，有些孩子因为家庭条件好，会认为自己比其他孩子高一等，希望得到家长和老师的肯定和表扬。当他们看到别人得到表扬或超过自己时，心里就会不平衡，但又无法理性对待，控制不了自己的情绪，就产生了妒忌心理。有时候，家长在生活上过于攀比，也会使孩子产生妒忌心理。

为了不让孩子产生妒忌心理，家长要注意自己的言行，不能当着孩子面去议论或贬低别人，当好榜样，以身作则。同时，家长不能因为疼爱和喜欢就过于夸奖孩子，要客观、正确地评价孩子，也不能因为孩子在某方面不如别人，就埋怨、指责孩子，应该帮助孩子提高这方面的能力。

当家长发现孩子有妒忌心，要耐心地倾听孩子的诉说，当孩子诉说的时候，其实正在体验强烈的不快，而这种情绪的起因或许是因为别人有某样她没有的东西，这个时候，家长最好不要劝慰孩子，给孩子买一个一模一样的东西。因为在这种情况下，这样做是没有用的，反而会诱发孩子更大的贪欲或攀比。

其实，孩子最想将自己的心事向家长倾诉，希望家长能倾听他说的话，并理解和体谅他。当家长听完孩子的诉说，不必加以评论，要用轻松和微笑，帮助孩子控制好自己的妒忌心态，这样，孩子的负面情绪就能慢慢消退。

小倩和小丹都是四年级的学生，两个人是最要好的朋友。小丹的作文写得很好，经常受到老师的表扬，有时候，老师还拿她的作文作为范文，让同学们向她学习，这让小倩很不服气，她经常对其他同学说："小丹的作文，我好像在哪见过。"或者说"她上了作文培训班，才写这么好的"由于她说的这些话没有事实根据，使大家都很反感她，这让小倩很受打击。

后来，妈妈知道了这件事，对小倩说："小丹作文写的好，你妒忌她，在背后说她的坏话，这是不对的。她的作文好，是她努力的结果，你不要总觉得自己不如她，没有信心赶上她，只要你有自信，化嫉妒为进取，相信自己也能写好作文，就一定能做到。那么，你有信心写好作文吗？"

小倩听了妈妈的话，顿时很振奋，回答道："我有信心写好作文。"然后，她问妈妈，该如何写好作文。于是，妈妈和她一起制订了计划。小倩虚心地向好朋友小丹学习写作技巧，争取赶上对方，同时，她还发扬自己的优势，比如，她的英语比较好，就要继续努力，争取考个更好的成绩。

慢慢的，小倩有了自信，不仅写作水平得到了很大的提升，而且妒忌心也随之慢慢地消失了。

孩子缺乏自信，总拿自己的短处和别人的长处比，觉得自己比别人差，就容易刺激他们的妒忌心理。这个时候，家长可以帮孩子找到自己的弱点和不足，并帮他们克服妒忌心理，比如，孩子妒忌别人是因为画画不如别人好，我们可以帮孩子提高画画水平等，以此来提高孩子的自信，化妒忌为进取。

很多家长喜欢拿自己的孩子与别人比，甚至拿别人的优点比自己孩子的缺点，比如，孩子的数学成绩不好，就说"你看那谁的数学成绩每次都考 100 分"等，这就会伤害孩子，让孩子很难看到自己的优点和长处，丧失自信，更重要的是，会对家长表扬过的同伴产生妒忌和憎恨心理。

当然，也有些家长为了培养孩子的自信，不拿孩子跟别人比较，反而是孩子自己要跟别人比，这种争强好胜的孩子越来越多，孩子大概 3 岁开始就喜欢跟别人比较。有些孩子，看到别人的优点，会将其变成自己的目标，激励自己比别人做得更好，但绝大多数的孩子，他们往往无法做到这种心态，别人的优点只会打击他们的自信。所以，孩子才会有妒忌之心。

作为家长，我们要帮助孩子发现自己的优点，比如，你数学比她学得好，你会弹琴，她不会等，让孩子意识到自己的价值。除了让孩子知道他们有什么外，家长还要告诉孩子，每个人都是独一无二的，你在羡慕别人时，也有人在偷偷羡慕着你。每个人都有自己的特长，我们要学会欣赏别人的优点。

其实，每个人都有妒忌心理，只不过，孩子不懂得掩饰自己的妒忌之心，当孩子妒忌别人时，家长不能立即否定孩子，要理解和接纳孩子，只有这样，孩子的愤怒才会逐渐消失。然后，家长再正确引导孩子，将孩子的妒忌之心化为激发潜能的动力。同时，家长要让孩子遵循公平公正的竞争原则。

6.5 攀比心，如何消除

随着孩子不断长大，他们对有些事有了自己的认知，心理会出现一系列的变化，比如攀比心等，这是很正常的一种现象，也是孩子必须经历的一个过程。在孩子的成长过程中，如何消除孩子的攀比心，家长的回答与做法会影响孩子的一生，也会影响孩子的选择。

其实，如果家长在平时能注意给孩子无条件的爱，爱孩子本来的样子，让孩子感觉到自身价值，多放手让孩子做自己想做的事，通过各种实践，增强孩子对自身能力的信心，让孩子做一个内心强大的孩子，他一定不会被外部的关注所影响，自然不会有攀比心。

老师在微信群里通知家长，过几天班里要开家长会。我原本没有什么压力，因为儿子的学习还不错，但儿子却要求我在家长会那天打扮一下，还规定了具体的细节，比如，做头发、穿高跟鞋、提好看的手提包等，我对儿子这些奇葩的要求惊呆了。

然后，我就询问儿子："去参加家长会，又不是选美，为什么要我打扮漂亮点儿？"儿子说："每次开家长会，同学们都会聚在一起议论，谁的妈妈年轻，谁的妈妈漂亮。"儿子还告诉我，要求我打扮成那样，是因为这是同学们总结出来的辣妈标准，如果不这样打扮，我没有别的妈妈漂亮，儿子会觉得自己在同学面前丢了面子，就会不高兴。最后，我拗不过儿子，只好听儿子的。

　　家长会那天，我发现妈妈们都打扮得很精致、漂亮，跟几位妈妈聊天，她们都表示，开个家长会，比过年打扮得还要隆重。那天，我还发现班里只有一个爸爸来参加了家长会。后来，儿子告诉我，那个同学嫌弃自己的妈妈个子矮，怕自己没面子，死活让自己的爸爸来参加。

　　以前，每次开家长会，孩子们都很紧张，害怕老师当众批评自己，回家被家长打，那时候，在家长会上，被老师点名，孩子们会认为这是一个很丢脸的事。但是，现在的孩子，开家长会不怕被挨批，只怕自己的妈妈不够漂亮，让人哭笑不得。

　　更令人感到不可思议的是，家长明知道孩子的这种攀比心态不对，却不正确引导孩子，反而怕孩子没面子，默许并满足孩子的各种索求，在无形中会助长孩子的攀比心。现在看来，孩子们啥都爱攀比，这种心态弊大于利，不但会给家长带来无形的心理负担，还会害了孩子。

　　其实，家长们知道攀比心态不好，不想让孩子跟别人攀比，但一个班里只要一个家长开始，其他家长都怕落于人后，别人家有名牌衣服、玩具等，也给孩子买，别人家孩子学舞蹈、乐器，也给孩子报兴趣班。

　　其实，孩子都比较单纯，别人有的，他也想要，这其实是孩子的好胜心，而不是攀比。不过，如果孩子的好胜心太过，就变成了无休止的攀比了。这个时候，孩子如果说："别人有，我没有。"如果家长能告诉孩子，你有的东西别人也没有，让孩子学会换位思考，就能有效控制住孩子的攀比心。

　　实际上，孩子爱攀比，与家长爱攀比有直接的关系。有些家长喜欢与别人攀比，在生活上，样样都不能比别人差，还喜欢拿自己的孩子与别人进行相比，落后一点就不行，这不仅会给孩子很大的压力，还会让孩子在无形中学会了攀比。所以，如果想让孩子没有攀比心，家长就必须改掉自己爱攀比的坏毛病，不能答应孩子的所有要求，也不能将金钱作为好坏的标准，更不能把孩子作为炫耀的资本。

有些家长可能会认为，我没有攀比的心态，也没有过于宠爱孩子，更没有拿孩子与别人比，可是，孩子班里有攀比风气，我也没办法。其实，孩子如果真是在这种环境下，家长就更需要坚持原则了，因为攀比的风气是家长盲目跟风才起来的，只要家长不跟风，孩子就不会有攀比心了。

同时，家长可以告诉孩子，不要与同班同学比，因为"天外有天，人外有人"，凡事都争第一，永远没有尽头，也没有任何意义，以免孩子永远对生活和自己不满意，产生自卑心理。要让孩子学会跟以前的自己比，只要比以前的自己有进步、更快乐，就值得我们骄傲和幸福，这样，孩子才会有认同感和价值感，内心才会变得更强大。

小莉和小瑶是同学，小瑶家换了一栋大房子，邀请小莉和妈妈去玩。在回家的路上，小莉嘟囔着："妈妈，小瑶家的房子好大啊，好漂亮，她还有自己的房间，咱们家的房子好小啊！"

妈妈对她说："咱们家的房子虽然没有小瑶家的大，但是住着也很舒服啊，而且小区里还有你喜欢的健身器材。"

小莉说："可是，咱们家那么小，我都不好意思请小朋友到咱们家玩！"妈妈说："你也去过小兰家，她家的房子还不如咱们加大呢，你不是在她家玩得很开心吗？"小莉说："那是因为小兰是我的好朋友。"妈妈说："小兰是你的好朋友，她家是小房子，你不是一样很喜欢她吗？小珍家住的是别墅，比小瑶家的房子还大吗，你都不去。"

小莉说："小珍太霸道了，有时候还爱打人，我才不跟她玩呢！"妈妈说："你看，小兰人好，住的房子再小，你都喜欢跟她玩，而小珍不讨人喜欢，住那么大的房子，你都不喜欢跟她玩。所以，房子大不大不是最重要的，而是小朋友本身可不可爱，才是最重要的，只要你是一个很棒的孩子，住的房子再小，大家也会喜欢你的。"小莉开心地点了点头。

面对孩子的攀比心，家长需要耐心倾听孩子内心的想法，不能武断扼杀，要找准问题的原因，不能认为孩子是什么样的，也不能盲目轻信孩子的只言片语。家长要根据平时对孩子的了解，和孩子好好沟通，巧妙给足孩子"面子",孩子才愿意听取家长的意见。

一般来说,孩子关注最多的就是物质的、外在的东西,比如,谁穿的衣服最漂亮、谁的零花钱最多等,当孩子盲目攀比,家长可以引导孩子转移"兴奋点",选择新的比较角度,比如,谁的零花钱花得更有意义等,谁最乐于助人等,也可以帮孩子找出他身上的优势,比如,学习好、会画画等,以此抵消某些方面不如别人,这样,孩子就能从中获得心理上的满足感,还能建立正确的价值判断。

另外,家长要培养孩子的节约意识,正确引导孩子,教孩子学会攒钱,合理分配自己的零花钱,让孩子知道金钱来之不易。孩子喜欢攀比,说明孩子内心有竞争意识,家长如果能利用好孩子的攀比心理,可以激励他向着好的方向发展,比如,学习、才能等。

攀比其实并不一定只会给孩子的成长带来消极负面的影响,在特定的情况下,它也能起到一定的积极促进作用。所以,孩子有攀比心理,家长需要正确处理,并从小培养孩子正确的人生观和价值观,并掌握好孩子的攀比程度,适时给予孩子一定的鼓励。只要家长坚持引导,孩子定能改正自己的攀比心。

第 7 章

读懂孩子的心,陪孩子平安度过青春期

青春期是孩子人生最关键的时期,孩子的人生观、世界观和价值观开始逐渐形成,在这个过程中,他们变得异常敏感、矛盾、困惑,非常需要父母和他们一起成长。这个时候,家长要学会为孩子减压,理解他,宽容他,给他足够的爱和陪伴。同时,读懂孩子的心,陪孩子平安度过青春期,这是家长的责任,也是一种幸福。

7.1 厌学，往往隐藏着各种问题

　　孩子最初都是渴望知识的，但他们经历一次次的挫折后，没有及时得到家长正确积极的扶持，这点火焰很快就会熄灭，产生对学习的厌烦心理，这让很多家长乱了阵脚，不知道采用何种办法才能激发孩子的学习兴趣。

　　孩子厌学，往往隐藏着各种问题，比如，没有找到正确的学习方法，越学越吃力、校园暴力等，只有家长找到孩子厌学的问题，才能帮孩子解决问题，问题得到了很好的解决，自然，孩子不会再有厌学心理。

　　同事的儿子上初二了，他一直对学习都不感兴趣，只要谈到写作业、考试、读书的话题，就选择逃避或抗拒。同事一直比较烦恼，想不明白，孩子都这么大了，还不明白学习的意义。在学习上，同事总是督促他，他才不情愿地去做，从没有主动学习过。同事不知道如何才能让儿子爱上学习。

　　同一个学校，同一个班级，同样的试卷，有的孩子学习成绩好，有的孩子学习成绩比较差，他们的学习成绩差别这么大，难道是因为学习不好的孩子脑子比较笨吗？其实，每个孩子都很聪明，学习成绩却千差万别，主要是因为他们的责任感和内驱力不一样。

　　有的孩子很早就意识到，学习是自己的事情，自己有责任努力去做好这件事，而有的孩子却没有这样的责任感，他们学习比较随性，高兴就学，不高兴就不学，除了学习外，做其他的事情也是这样，这是孩子成绩差距大的根本原因。

　　对于孩子来说，他从幼儿园就开始了漫长的学习生活，然后上小学，再到初中，在这长期的学习过程中，如果家长没有让孩子体验到学习的乐趣和成就感，孩子就会因为长期的学习感到很累，逐渐产生厌学的心理。

　　孩子的生活比较单一，除了学习还是学习，再加上家长的唠叨和命令，使他们错误地认为学习是为了家长而学，就会产生厌学情绪。面对孩子厌学，家长千万不能因为着急、恐慌而打骂孩子，这样只会让孩子更加讨厌学习。

　　家长首先要调整好自己的心态，让孩子暂时不要去想学习方面的事情，让孩子的身体和大脑得到放松、恢复。在这个期间，家长可以培养孩子的其他兴趣，比如，学一门乐器等，或者多带孩子去玩，接触大自然，不但可以消除学习上的疲劳，还可以开阔孩子的视野，增长见识。

　　另外，家长可以陪伴孩子一起学习，鼓励引导孩子，让他逐渐从学习中得到乐趣。同时，家长要用心观察孩子，挖掘他身上隐藏的闪光点，和孩子一起制订学习目标，用目标来激励孩子，唤醒孩子对学习的兴趣，点燃他内心热爱学习的那团火。

　　最后，家长需要让孩子明白，学习是自己的事情，要为自己的理想而学习。帮孩子树立理想时，家长不能将自己的思想强加于孩子，比如，强迫孩子选择他不喜欢的专业等，而是要根据孩子的特长和兴趣爱好去选择，并尊重孩子的选择。同时，家长要多鼓励，少抱怨，多表扬，少批评。

　　小鹏是一个懂事、听话的孩子，从小学习就比较认真，学习成绩很优秀，一直是家长的骄傲。小鹏通过努力，如愿以偿地考上了当地的一所重点初中。

　　然而，自从小鹏上了初中，一切都变了，他的学习成绩在班里只能排到中游。看到昔日总拿第一的孩子，现在学习如此差，家长很着急，给小鹏讲了很多人生道理，也增加了不少的学习任务，甚至还报了各种学习班，以此来提高孩子的学习成绩。

家长使用了很多种办法都没法让小鹏用心去学习，这让他们感到有些绝望。在不断争吵和冷战中，他们与孩子的关系越来越差，甚至有时候与孩子说不上一句话，而小鹏的情绪十分低落，处于崩溃状态，觉得自己没法对学习产生兴趣。

在生活中，有不少孩子在小学学习一直名列前茅，但到了初中，孩子的学习成绩反而下降了。我们都有一种惯性思维，总觉得优秀的孩子会一直名列前茅，但随着孩子的年级越高，他们的竞争也越来越大，家长对孩子不恰当的期望，就会使孩子产生厌学的心理。其实，厌学的孩子，厌的可能不是学，而是被家长逼着去学。

很多家长发现孩子厌学，习惯训斥、责骂孩子，比如，"除了学习，你说你出去还能干什么？""我们辛苦挣钱供你上学，什么都不让你做，就让你专心学习，你就这样回报我的？"等，这些话语并未起到激励孩子学习的作用，反而适得其反。

面对孩子厌学，家长首先要冷静，并接受孩子的厌学情绪，帮孩子分担烦恼。其实，有时候，我们成年人在工作中遇到不顺心的事，还会产生不想上班的心理，何况孩子。所以，家长不要过于紧张，要找到孩子厌学的真正原因，帮孩子重拾学习的兴趣。

我们需要知道，孩子在长期的学习中，经历大大小小的考试，他们偶尔也会感到疲倦，我们要学会理解孩子，并陪孩子做一些他感兴趣的活动，让他先发泄自己的不良情绪，再与他进行沟通。

很多时候，家长直接询问孩子，为什么厌学，得到的回应通常是孩子的沉默，其实孩子不愿意说，是因为家长没有找到正确的沟通方法。家长可以用启发式的提问来询问孩子，比如，"关于你的学习，你有什么规划吗？""是什么让你有这样的心情？"等，这样的询问会让孩子感受到家长的尊重和理解，家长慢慢引导孩子，他就会说出自己为什么会厌学。

绝大多数的孩子都是爱学习的，只是因为找不到正确的学习方法，学习比较吃力，越来越累，就产生了厌学情绪。如果是这种情况，家长就要教孩子正确的学习方法，和孩子一起制订学习计划，合理安排课业学习和娱乐的时间。同时，家长可以培养孩子的兴趣爱好，比如绘画、篮球等，这是缓解压力的一种方式，也可以起到增强孩子自信的目的。

另外，家长要多与老师进行沟通，特别是期中考试等重点考试节点，不要只问老师成绩，要多与老师聊孩子在学校的表现，比如，上课状态、与同学们的关系等，如果孩子厌学与老师的教学或态度有关，切不可气愤地找老师麻烦，需要冷静处理。家长可以将孩子目前的情况委婉地告诉老师，让老师多关心、关注孩子。同时，家长还要让孩子学会换位思考，理解老师，并接受老师的教学方法，让孩子多接触老师，增加师生之情。

有的孩子厌学与同学有关，如果是孩子自身的问题，家长就要帮孩子改掉坏毛病，如果是同学的问题，就要妥善处理，使孩子能与同学友好相处。当然，家长不能总拿孩子与别人比，要纵向看待孩子的改变，比如某科成绩的进步，孩子有进步，家长就要及时鼓励孩子，也可以给孩子一些奖励，比如一次旅行的机会，家长需要注意，物质性的奖励要适当，主要是精神鼓励为主。

孩子退步了，家长不能打骂孩子，以免孩子失去自信，要心平气和地和孩子一起分析问题，比如，知识掌握的不好、粗心等，再寻找解决的办法。总之，家长不要对孩子的要求太高，要多看孩子的优点，多鼓励孩子，让孩子感受到自己的价值，孩子自然不会产生厌学的心理。

7.2 离家出走，解开心结最关键

不知从何时起，离家出走已成为某些孩子对抗家长们的"武器"，他们只要稍微遇到不顺心的事，就选择离开家，离开父母。在中学阶段，孩子离家出走这种现象很普遍，而近几年小学生离家出走也在逐年增加。

孩子离家出走，有的躲进同学家，有的饥寒交迫、露宿街头，而他们的父母却像热锅上的蚂蚁，整日坐立不安，以泪洗面。原本家是温暖的，是孩子可以依靠的港湾，而父母原本是孩子最亲近的人，给孩子爱、信任和保护，但不知何种原因让孩子义无反顾地离开家，离开父母。

或许，这个家让孩子感到不温暖，或许是父母伤透了他们的心，或许是他们遇到了无法面对的困难。孩子离家出走，背后必有原因，想让孩子不要再做出这种偏激的行为，解开孩子的心结最关键。

儿子上初三，学习成绩比较差而且比较叛逆，经常打架、上网、逃学，不管有什么事情，他都不会跟爸爸说。有时候，爸爸问他一些事情，他也总是沉默。后来，因为一些事情，爸爸打了他一巴掌，儿子就离家出走了。幸好，最后找到了。

后来，爸爸跟同事谈到自己与孩子的关系，说不知道如何跟孩子相处了。同事就问他："你知道孩子的兴趣爱好是什么吗？"爸爸摇了摇头。同事又接着问他："你平时陪孩子做他喜欢的事情了吗？"爸爸说："他小的时候，我还经常陪他去游泳，当他长大之后，我工作比较忙，很少见到他，更不用说陪他玩了。"

在孩子的成长过程中，他们需要家长的陪伴。当孩子需要家长陪伴的时候，家长因为工作比较忙，没有时间陪他们；当孩子想让家长陪伴的时候，家长又因为各种原因不在身边；有一天，你终于有时间了，想要陪伴孩子时，他们已经长大了，不再需要你陪伴了。等你老了，需要孩子陪的时候，他也会对你说"没有时间"。

由于家长没有时间陪伴孩子，也没有时间与孩子进行沟通，孩子与家长的关系只会越来越疏远，他们有什么事也不会告诉家长。进入青春期后，孩子开始反抗、顶嘴，而家长又不了解孩子，不知道青春期有哪些特点，认为孩子挑战了自己的权威，就对孩子大叫大吼，打骂孩子，甚至让孩子滚，孩子有委屈没处说，再也无法忍受，就离开这个没有温暖的家庭，以此作为反抗，情况严重的有可能还会发生悲剧。

在孩子心中，家长永远是他最亲的人，只要家长愿意陪伴孩子，与他们沟通，倾听孩子的话，他们必定会给予家长积极的回应，并会尽自己最大的努力做到最好。所以，想要孩子快乐成长，家长一定要与孩子建立良好的亲子关系，为孩子提供一个和谐温馨的家庭环境，孩子才会爱父母，更爱这个家。

小晴是一个初中生，她是一个听话的孩子，学习成绩一直很优异。在这次期中考试中，小晴的成绩稍微下降了一点，妈妈就到学校找了老师，询问了一下小晴在学校的一些情况。老师告诉妈妈，孩子最近与班里一个男生走得比较近，让妈妈多关注孩子，两个人是不是在谈恋爱，妈妈听到这个消息很吃惊，不问青红皂白，就直接批评了小晴。

妈妈还警告小晴，如果她再跟这个男生说话，就让她转学。小晴几次都想给妈妈解释清楚，但都被妈妈打断，还冷言冷语让她自重。小晴有苦说不出，任由妈妈责骂。后来有一天，小晴晚上没回家，妈妈突然就着急了，赶紧发动家里所有亲戚开始寻找。

大家找了一个晚上，终于在市区外的一个小旅馆找到了小晴。小晴看见妈妈，没有说话，但回家后，妈妈保证以后不会再责骂她了。其实，小晴离家出走后，老师才了解到，小晴并没有跟那个男生谈恋爱，只是由于学习压力大，他们两个人互相开导对方，他们只是关系比较好的朋友而已。

在生活中，很多家长都没有耐心听孩子说话，他们总是主观地以自己的价值来判断孩子的事情，有时候甚至会用比较难听的话来诋毁孩子，深深地伤了孩子的心。家长要给孩子一个解释的机会，多听听孩子内心真正的想法。然后，家长与孩子一起商量解决问题的办法，孩子也不会采用离家出走这种过激的行为来证明自己是清白的，归根到底，还是家长不懂得如何与孩子进行沟通。

判断家长与孩子是否存在障碍，最简单的办法就是，不管遇到什么事情，孩子是否会第一时间跟家长进行沟通。如果孩子遇到了困难或挫折，回家不跟家长诉说，而是选择逃避，那么，家长就需要自我反思，检讨自己与孩子的沟通方式是否出现了问题。

在与孩子沟通时，家长需要与孩子平等交流，同时要懂得尊重孩子。如果自己做错了，就要敢于跟孩子承认错误，请求孩子原谅自己，并与孩子建立互相信任的关系。当家长把孩子看做一个独立的人，愿意站在孩子的角度看问题，耐心倾听孩子的心里话，并作出积极的回应时，家长给孩子提出的建议，孩子才愿意去采纳。

家长作为孩子最信任的引路人，要懂得尊重孩子，给孩子表达自己想法的机会，让孩子在家长的关爱中，感受到家长的理解和支持，才会使孩子在日后的人生中走得更顺畅。

小琳上初三，这次期中考试没有考好，本来心情就不好，回到家后，还被妈妈逼问。当妈妈得知小琳期中考试考砸了，就开始批评、指责她："让你好好复习，你却跟同学出去玩，好了吧，才考这点分数，你还有脸回来，干脆别学了，在家跟我卖菜好了……"

妈妈又开始唠叨，总拿以前的事说她，这次，小琳忍无可忍，就跟妈妈争吵了起来，爸爸却让她滚，这让小琳很伤心，为了报复他们，小琳狠心走了。可是，她下楼后，又不知道自己能去哪？只好在楼下转转，等爸爸妈妈来找她。

没有哪个家长不爱自己的孩子，但在生活中，有很多家长却不懂如何爱自己的孩子，让孩子错误地认为，家长爱的不是自己，而是分数。因为每当孩子考得好，家长就高兴，无论孩子提出什么要求，家长都答应。但如果他们考不好，家长立马就阴沉着脸，吓得孩子大气都不敢喘一下，生怕哪里做得不对就遭到家长的责骂，甚至受到一顿毒打。

虽然，分数比较重要，但它并不是评价孩子好坏的唯一标准，家长千万不能因为一次考试的分数就对孩子"又爱又恨"，更不能因为考试考砸了，就将孩子推出家门。要知道，孩子每次离家出走，都会在心中留下很深的烙印。

其实，每个孩子都渴望成功，也许是因为没有用对方法，方向不明确，没有人指导和鼓励，才一次次失败。对于孩子，家长要善于发现他们的优点，肯定他们的闪光点，不断引导和激励孩子，相信孩子通过每一次的成功，能够不断追求更高的目标，对未来充满信心，让自己不断前进。

如果孩子能理解家长和老师的好意，明白老师和家长对他们的期望。用正确的方法表达自己的想法，不管遇到什么事，都能冷静思考，不冲动做事。同时，如果家长能采用恰当的沟通方式，也许就能预防、避免孩子离家出走这类事件的发生。

7.3 早恋，正面疏导很重要

恋爱是人生最重要的一课，但人生不能只有恋爱。在中学时代，孩子之间的恋爱虽然比较美好，但最后真正走进婚姻的很少。在中学阶段，孩子还是应该以学习为重，不能因为恋爱荒废了学业，改变了人生的方向。

由于孩子比较小，把握不好恋爱与学习的关系。孩子早恋，正面疏导很重要，家长一定要稳定情绪，理智面对，并正确引导孩子，才能顺利帮助孩子走出早恋。

小波是一个初中生，喜欢打篮球，偶尔上网玩玩桌游，大部分时间都放在学习上。然而，小波刚上初三没几天，妈妈就发现小波最近有些异常。

每天晚上，小波都会接到一个女孩子的电话。打电话时，他很害怕妈妈在家，会躲在自己的屋子里很小声地说话。后来，妈妈还看到小波与那个女孩的短信，内容有些肉麻。这个时候，妈妈知道小波早恋了，但她却不知道怎么办？

孩子进入青春期后，不管是在生理上，还是心理上，都会发生巨大的变化。他们开始对异性产生好奇，想亲近异性，并产生爱慕和追求异性的愿望，这是很正常的一种表现。一般来说，初中生早恋有两种情况：一种是孩子确实恋爱了，家长不知道怎么办；另一种就是他们只是正常的交往，只是家长比较焦虑，有些过于敏感。

其实，真正早恋的孩子比较少，大多数的孩子只是男女生之间的正常交往。通常，初中生早恋主要有三个原因：第一种是他们想寻找精神寄托，进入初中后，孩子的学习很紧张，压力比较大，异性间倾诉，或许还能得到一些安慰；第二种是受到某些爱情小说和电视剧的影响；第三种，家长对孩子的寄望太大，他们不能做自己想做的事，同时，他们与家长很少沟通，他们心中有事就会去找同伴、朋友倾诉。在这个过程中，他们就会慢慢地对异性产生好感。

如果孩子突然喜欢打扮，很在意自己的发型和穿着，或者他们喜欢独处、发呆，亦或是对影视剧中的爱情画面很感兴趣，喜欢与异性交往，学习成绩有所下降。孩子出现了这些变化，那么，孩子很有可能早恋了。

面对孩子早恋，很多家长通常第一反应就是很愤怒，认为孩子不争气，道德品质变差了。其实，孩子早恋与道德品质的优劣没有多大关系。家长需要明白，在孩子成长过程中，早恋是一种最常见的现象，它是孩子逐渐走向成熟的一种表现。家长需要做的就是帮孩子认识到早恋的危害，并正确引导孩子。家长发现得越早，及时引导孩子，孩子投入的感情越少，受到的伤害越小。

小娟上初中后，交了一个好朋友小红，她们经常在一起玩，而小红有个表哥，也经常来小红家，所以他们常常在一起玩，渐渐地，小娟对小红的表哥有了好感。后来，表哥考上了一所重点中学，而小红也上初三了。

有一天，她收到了小红表哥的情书，非常高兴，暗下决心以后要好好学习，考上小红表哥那所高中。没有想到，妈妈发现了这封情书，骂了她，还撕毁了她的信件，两人在家大吵一架，小娟气得砸了文具盒，表示再也不去上学了。

早恋是很自然的一种感情，是人类的情感启蒙，女孩遇见喜欢的异性，产生倾慕之情，这是一个正常的表现。早恋其实并没有我们想象的那样可怕，只要家长能够正确引导孩子。但在现实生活中，有的家长不顾孩子的感受，经常趁孩子不在的时候，翻看孩子的日记本，想查出一丝早恋的痕迹，孩子发现了之后，再也不写日记，也不愿与家长沟通，与家长的关系越来越疏远。

孩子出现早恋的问题，有的家长就到处嚷嚷，告诉七大叔八大姨，还告诉孩子的老师，甚至联合另一方的家长，结果将孩子的私事弄得天下皆知。人的承受能力是有限的，家长散播孩子的流言，会让孩子产生消极情绪，导致孩子做出离家出走、跳楼自杀等举动。所以，当家长遇到这个问题，一定不要因为一时冲动而做出不利于孩子的事。

还有的家长一听说孩子早恋，就火冒三丈，辱骂孩子，打孩子，家长这样做会伤害孩子。家长应坦诚地与孩子进行沟通，告诉孩子，早恋没有错，但要注意保护自己，同时要告诉孩子，不能因为一棵小树而放弃整片森林，循循善诱让孩子知道早恋的危害，比打骂孩子有效得多。

小华刚上初一，没多少时间，妈妈发现他看着自己的手笑，觉得也许儿子早恋了。于是，她在递给孩子筷子时，发现了小华手上的花，就说："手上的花挺好看的，你自己画的？"儿子说："同学画的。"

妈妈说："同学是女孩吧？"儿子说："嗯，她学习很好，在班里排名第一，全校排名在前十。在班里，她是班长，我是数学课代表。"妈妈笑着说："她是一个优秀的女孩，你可要向她好好学习。"

从那以后，小华就很努力地学习，吃完饭就写作业，早晨早早起床背英语单词，妈妈看见小华如此努力学习，心中笑开了花，别提有多高兴了。班里进行了几次考试，小华的成绩明显进步了。妈妈与老师聊天得知，班级排名前十名的同学可以自由选择座位，而小华总是坐在班长的旁边。

小华妈妈闺蜜的女儿在初三时，与儿子分在了一个班级。有一次，闺蜜来找小华妈妈玩，而闺蜜女儿找小华妈妈有事。小华妈妈就跟闺蜜的女儿聊了起来，聊着聊着，就提到了小华。闺蜜的女儿告诉她，在男生中，小华的成绩最好，但他喜欢他们班里成绩最好的女生。他经常在下课期间给班长买水喝，全班同学都知道小华喜欢班长，但他从来不承认。

晚上吃饭时，妈妈问小华："这几次考试，你们班长的成绩还是第一名的？"小华说："这几次考试，她都没有考好，我安慰了很多天了。现在，她的情绪好多了，我们还约定一起考上重点高中呢。"

之后，妈妈一起帮助小华学习。中考结束后，小华很高兴，因为他的成绩足够考上重点高中，而且班长也考上了。本来，妈妈想看看小华一直喜欢的班长是什么样子的，但最后还是没有看到。这个女孩很有想法和能力，他们最终成了好朋友。

孩子早恋，家长需要让孩子知道，家长已经知道他恋爱了，但不能直接问孩子，比如，"你是不是正在与某人谈恋爱？"等。如果家长没有充分的证据，这样直接询问孩子，孩子会被吓到，出于压力和担心，他们一定会矢口否认。

家长可以做出一些简单回应比如，"其实，心中有喜欢的人很正常。"等，然后，家长就此打住，并观察孩子的反应。智慧的家长通常会朝孩子笑一下，让孩子在轻松愉快的气氛中，明白家长知道他的情况，同时也给了孩子一个台阶下。如果家长能以开玩笑的方式，将事情挑明了，就再好不过了。

接下来，家长可以向孩子恭喜："你有喜欢的人，我很高兴，说明你长大了！"这样说并非鼓励孩子早恋，而是家长只有接纳孩子，孩子才能感受到家长的接受和欣赏，他们才愿意与家长聊聊自己的心事，双方才有深入的交流。

家长需要让孩子知道，遇到自己喜欢的人是一件开心的事，但要学会用正确的方式处理两个人的感情问题，必须要对自己和对方负责，要学会保护自己，否则家长会担心。当然，家长也可以向孩子分享自己的恋爱经验，以此让孩子知道，现在对异性的好感只能算是一种喜欢，不是真正的爱，这种对异性的好感会随着年龄的增长而淡化。

如果孩子陷入的很深，管不住自己，这个时候，家长管是管不住了，只能先了解孩子交往的情况，同时限制孩子交往的时间和地点，并给出一些建议，比如几点前必须回家，不可单独去某个不合适的地方。同时，家长可以引导孩子互相鼓励，好好学习，共同进步。随着时间的流逝，他们对彼此之间的好感会慢慢变淡，说不定会有意外的收获。

早恋的危害显而易见，为了不让这种事发生，家长需要提前预防，未雨绸缪才是最好的选择。所以，一旦发现孩子早恋了，家长就要反省自己，是不是平时很少关心和关注孩子，在情感方面冷落了孩子，导致孩子向他人寻求关注和爱。

如果家长平时对孩子疏于管教，使孩子在生活和学习上过于松散，精力过剩。那么，家长想要孩子远离情感的困扰，就要设法转移孩子的情绪目标，比如，孩子喜欢乐器，就给他报班去学等，让孩子忙起来，自然就没有空去想别的了。

7.4 孩子追星，该如何处理

现在，追星已呈现低龄化，越来越多的青少年喜欢将崇拜偶像作为他们的时尚追求，面对孩子的追星行为，家长们很烦恼，不知如何处理。其实，孩子追星并非是一件坏事，没有我们想象中那样可怕，只要追星有度，偶像就会成为孩子学习的榜样，成为孩子向目标奋斗的动力。

最近，妈妈发现女儿喜欢穿肥大的裤子，耳朵上还扎了很多眼。除此之外，妈妈还发现，女儿很喜欢国外的明星，每当从电视上看到这些明星就无比激动，会忍不住尖叫起来。同时，她总喜欢跟妈妈聊明星，如果不聊这些，她似乎也没什么话要讲。

妈妈觉得她对明星有点痴迷，学习成绩也下降了不少，妈妈一气之下，撕毁了女儿看的明星杂志和明星贴画，还剪掉了她乱蓬蓬的头发，导致女儿有些叛逆，更爱模仿明星的言行举止，学习更差了。

孩子追星，很多家长大多不认可，他们害怕孩子因为追星而荒废学业，也担心追星给孩子的价值观带来不良的影响。但现实情况是，家长越是反对孩子追星，他们越追得厉害。孩子之所以喜欢追星，说明他们心中有爱，有想爱的对象，但他们又不知道什么是爱，不知道如何去爱。

孩子崇拜偶像，这是他们向往独立的一种表现，同时，也是他们渴望被社会认同和欣赏的心理状态。孩子喜欢追星，将他们作为自己的偶像，是因为他们喜欢的那些明星身上有一些重要价值，比如，能力、荣耀，形象等，这些让他们十分向往，他们希望通过模仿明星的言行举止来完成自我塑造。

除此之外，有的孩子喜欢追星，也是渴望得到家长的关注。孩子进入青春期后，学习压力大，喜欢攀比，容易产生自卑心理，他们非常需要家长和老师的肯定和赞扬，就容易将自己渴望得到的关注投到某个明星身上。

如果家长足够细心的话，就会发现，那些学习差或平时表现不好的孩子更喜欢追星。想要预防孩子疯狂追星，家长平时就要多发现孩子身上的优点，多鼓励孩子，肯定孩子，这样就能减少孩子心理上的缺失。

如果家长一味地压制孩子追星，只能使孩子产生叛逆的心理。如果家长能够了解孩子，处理好孩子追星的问题，孩子就能从追星中受益，如果家长处理不好这个问题，就容易激发自己与孩子之间的冲突。

有一个女孩13岁，上六年级，为了追星，没有去上课，老师和家人找了她很长时间。后来，通过女孩的同学，知道女孩最近喜欢某个歌星，听说歌星要来贵州，她可能自己坐车去贵州看歌星了。

于是，女孩的家长报警了。警方询问女孩的家人一些情况，比如，孩子身上带了多少钱、QQ号或微信号多少等，女孩的家人居然不知道这些信息，最后还是通过女孩的同学了解到这些情况的。在警方的帮助下，女孩终于被找到了。女儿能平安回来，让所有人都松了一口气。

通过这件事，女孩的家人也意识到了自己平时与女儿缺乏沟通，他们决定以后要多与女儿进行沟通，及时了解女儿内心的想法，以免再次发生意外。

孩子喜欢明星，这种现象很正常，因为他们欣赏和敬佩明星，他们希望自己也能像明星那样优秀。如果孩子只是单纯地喜爱和欣赏某个明星，家长不必担心，但如果他们为了追星已经做出比较疯狂的行为，比如，离家出走去找偶像等，家长就要多留心孩子了。

其实，孩子疯狂追星，这种行为属于盲目崇拜明星，他们容易失去自我，看不清现实，这是一种较为复杂的心理行为。明星身上的"光环"过于耀眼，会让孩子看不清现实，认为他哪里都好，没有缺点，容易爱屋及乌。

其实，崇拜偶像也没有什么不好，因为他们会模仿偶像，让自己变得更优秀。想要让孩子更好地追星，家长要做的就是及时发现，并正确引导孩子，让孩子能够正确看待偶像，帮助孩子找到偶像身上的闪光点，引导孩子变得更好。

女儿学习成绩很好，是一个乖巧、懂事的孩子，但自从她上了初中后，开始学会追星了，这让妈妈很担心。

妈妈发现，女儿喜欢听TFBOYS的歌，还使用自己的零花钱买有关TFBOYS的东西，比如，书包、橡皮擦等，甚至还要求妈妈给她买TFBOYS代言的家教机，妈妈拒绝了她，她很不高兴。

妈妈担心追星会影响她的学习，就想管管她，但又怕管了，女儿会变得叛逆。后来，妈妈想通了，只要不影响孩子学习，追星也没什么不好。为了不让女儿痴迷追星，妈妈尝试去了解女儿喜欢的TFBOYS。

她上网搜索了一下TFBOYS，了解了一下这个少年组合，她发现这个组合中的人，不仅颜值很高，而且他们并没有因为演出而影响学业，每个人的学习成绩都很好。她突然明白了女儿为什么会喜欢这个少年组合。女儿喜欢画画、跳舞，学习成绩也不错，妈妈认为，女儿是希望自己也像TFBOYS一样，能够合理安排学习和兴趣爱好的时间，让自己变得更优秀。

于是，妈妈改变了与女儿的沟通方式，不再阻止她追星，而是跟孩子一起追星，她告诉女儿："我知道你为什么会喜欢TFBOYS了，他们不仅歌唱得好，而且学习成绩也很好。虽然他们年纪比较小，但很有主见，很优秀，我现在也有点喜欢他们了。"

为了和女儿有话可聊，妈妈会积极关注TFBOYS的最新动态，在手机壳上贴上TFBOYS的贴画，慢慢地，妈妈与女儿之间有了很多话可说，他们经常在一起聊TFBOYS，谈理想和未来，就这样，妈妈变成了女儿的知心朋友，妈妈对她的一些引导建议，女儿也能听得进去。

孩子追星，家长要学会理解孩子，要正视孩子追星，这是他们正常成长的需求，年少时，几乎每个人的心中都有过一个或两个以上的偶像。如果家长想积极引导孩子，就要参与到孩子的沟通中，可以从了解孩子的偶像开始，和孩子一起追星。

只有家长了解孩子喜欢的偶像，才可以和孩子谈"星"，而家长对孩子的偶像有一些看法，才能对孩子的人生观和价值感产生一个好的影响。家长可以与孩子谈"星"，说出自己的感受，并引导孩子多接触几个偶像，比如，体育明星、科学家、作家等，开阔孩子的眼界，以免孩子单一迷恋某个偶像。

家长平时可以多向孩子讲述明星的故事，和孩子一起阅读有关明星的新闻，一起发掘偶像身上的一些优点，比如，努力、刻苦、坚持等，鼓励孩子向偶像学习，为了目标而努力，将孩子的追星转化为奋斗和成功的自我激励。

榜样的力量不可小觑，每个人都需要有一个学习的榜样，家长需要做的不是让孩子心中无"星"，而是让孩子有更多的"星"，带孩子了解和认识古今中外的伟人，让他们照亮孩子的成长之路。

童话大王郑渊洁曾说过：没有距离就没有崇拜。正因为孩子与偶像有距离，才会觉得他们神秘，因而崇拜他们。面对孩子追星，我们要学会理解孩子，并正确引导孩子善于从偶像身上学到闪光点，让孩子在追星中健康成长。

7.5 爱打扮，帮孩子树立正确的审美观

孩子爱打扮，说明他们热爱生活和生命。一个注重穿着打扮的人，打扮精致、漂亮，会给人一种赏心悦目的感觉，每个人都有一颗爱美的心，孩子也不列外。

孩子进入青春期后，比较在意别人对自己的看法，注重外表，爱打扮。其实，只要孩子打扮得体，不影响生活和学习，家长应该理解孩子，但这并不代表家长放任不管，而是要帮孩子树立正确的审美观。

姗姗上初中后，开始爱美了，经常喜欢照镜子，还要求妈妈给她买各种不符合自己年龄的衣服，甚至有时还用零花钱购买自己喜欢的衣服。为此，妈妈没少批评她，但妈妈越是批评她，她反而打扮得更过分了。

有一次，妈妈发现姗姗正在偷用她的化妆品，非常生气，严厉批评了她一顿："一天到晚就知道打扮，不学好。"期末考试成绩下来了，姗姗的学习成绩直线下滑，妈妈感到很吃惊，就打电话给老师。老师告诉她，姗姗经常与不上学的孩子玩，跟那些人学穿衣打扮。

孩子爱打扮，从表面看起来，只是穿着上的变化，其实是孩子心理发生了巨大的变化。孩子出现青春期征兆，如果家长不知道，也没有及时引导孩子，只是一味地指责孩子，就容易让孩子产生逆反心理。

孩子进入青春期后，有了很强的审美意识，开始在意自己的形象，学

会照镜子，打扮自己，对自己的衣着有了要求，这是正常现象，家长不用过于担心。只要孩子穿着打扮比较得体，给人一种漂亮、大方的感觉，就有利于孩子的身心发展。如果孩子穿着比较邋遢，就会很自卑。所以，适度的打扮，在无形中可以增强孩子的自信，家长不应该制止。

但是，如果孩子过于注重打扮，不好好学习，家长就要注意引导孩子了。因为孩子爱打扮，可能与其生活、交友圈等有关，家长可以培养孩子的兴趣，转移他的注意力，接触到新东西后，他就不会再过分关注打扮了。

这个年龄段的孩子比较叛逆，如果家长一味地打击孩子，禁止孩子做自己喜欢做的事情，可能会适得其反。家长可以与孩子好好沟通，阐明学习的重要性，并告诉孩子，现在的主要任务就是学习，要以学习为主，喜欢打扮并非不可以，但只有先提升自己的内涵，打扮起来才更有品味，否则只能是俗气，也不是真正的漂亮。

其实，爱美之心，人皆有之，家长应理解孩子，需要注意调整引导孩子的方法。在这个时期，孩子比较在意别人的评价，家长切不可随意评论孩子的长相，以免打击孩子的自信，使孩子产生自卑等负面情绪。同时，家长要帮助孩子树立良好的审美观念，让孩子拥有正确的爱美心态，不要让孩子用打扮来取悦他人，以免孩子逐渐失去自我。

小茹从小就是一个听话、懂事的孩子，当她上初中后，就开始爱打扮了。小茹花时间打扮，让妈妈很生气，妈妈不准她打扮，但女儿不仅不像以前那样听话，反而发脾气，将心思放在打扮上，学习成绩也下降了。

妈妈跟小茹讲了很多大道理，小茹有时候就爱答不理，有时候就跟妈妈吵架，这让妈妈很烦恼。妈妈在培养女儿方面，很舍得花钱，但给孩子买衣服却没有多大用心。这次，小茹的转变让妈妈意识到，孩子长大了，到了爱美的年纪了，一味地指责，反而让孩子沉迷于打扮，不爱学习。

恰巧女儿快过生日了，妈妈就想给孩子买件礼物，增进与孩子之间的关系。通过女儿的朋友，妈妈了解了女儿喜欢哪些服饰。在女儿生日那天，妈妈送给女儿一件很漂亮的裙子，小茹知道了妈妈正在为自己改变，她也开始主动与妈妈聊天，告诉妈妈，自己喜欢什么。妈妈有空的时候，就与她一起逛街、散步，慢慢地，她们的关系越来越亲密了。

这个时候，妈妈再委婉地向女儿阐明学习的重要性。原本小茹就没有多爱打扮，只因受到妈妈的强制才选择打扮、不爱学习，现在，他们的关系已缓和，女儿听从了妈妈的话，重新将心思放在学习上，学习成绩也得到了很大的提升。

孩子注重自己的穿着和发型，还要求买他喜欢衣服，很多家长都认为，孩子在意自己的形象，喜欢打扮，会分心，认为孩子应该更关注自己的学习，长大了再重视形象也不晚。其实，家长却不知道孩子打扮背后的真正原因。

有时候，孩子爱打扮，也许是为了吸引别人的注意力，而家长只关心孩子的学习，不关心孩子的心理，不知道打扮会增强孩子的自信。当孩子很有兴趣地学习如何穿衣打扮时，家长却告诉孩子，打扮不重要，长大了再说，现在要以学习为主。那么，孩子就会觉得，家长不理解他，他会选择性地和家长说话，会讨厌学习。

如果家长放下心中那个刻板的标准，孩子与家长的关系会更亲密。其实，孩子关心自己的头发是否干净，发型是否精神，衣服看起来是否符合自己，让自己看起来比较漂亮，会让自己更自信，也会给别人留下比较好的印象。

在解决孩子爱打扮这个问题时，家长可以鼓励孩子说出自己的感受和想法，同时，家长也可以向孩子说出自己的担心。这样，孩子不仅能感受到家长的尊重和接纳，也会思考父母的感受和想法，所以，比语言技巧更重要的是家长的态度。

如果家长没有真正与孩子产生共情，无论家长对孩子讲什么道理，他们都觉得很虚伪，他们会认为，家长讲道理的目的是为了让他们听家长的话，让他放弃自己的感受和想法，这是家长想控制他。所以，只有家长接纳了孩子的感受，向孩子表达自己的感受和想法，与孩子产生共情，才能打动孩子的内心。孩子感受到了家长的支持，自然会听取家长的意见。

每个人都有追求美的权利，孩子爱美，这是他们的天性和本能，我们不该压抑孩子的天性，强迫孩子不准他们去打扮爱美，使他们产生自卑心理，就像卢梭所说："从我们心中夺走对美的爱，也就夺走了生活的全部魅力。"家长应该给爱美的孩子一个机会和空间，让他们能更好地体验美的真正内涵，要知道，真正的美，不光是外表美，更重要的是心灵美。

7.6 沉迷网络，如何破除孩子的"网瘾"

孩子沉迷游戏越来越低龄化，这其实与家长脱离不了干系，因为在现实生活中，有不少年轻家长喜欢玩手机，并将其作为哄孩子的工具。其实，偶尔玩玩并不会有什么问题，但如果处理不当就会使孩子上瘾，或给孩子埋下网瘾的祸根。

另外，孩子沉迷网络，也有可能是因为缺少父母的陪伴和爱，自信心经常被打击，导致他们去虚拟的网络中寻找安慰。也就是说，家长没有给孩子的，游戏给了。所以，家长若不想孩子沉迷网络，不能靠强制，而是要去想游戏到底能给孩子什么，孩子最需要什么。只要家长给了孩子所需的，满足了他们的需求，孩子的"网瘾"就不攻自破。

小琴是一位心理医生，从事心理咨询治疗近二十年，成功解救出了大量游戏成瘾的青少年，她觉得自己已经非常了解治疗游戏成瘾的方法，直到她发现自己的儿子特别喜欢玩"王者荣耀"这款游戏。为了搞清楚这款游戏有什么吸引力，小琴决定和孩子一玩，并从中找出防沉迷的方法。

小琴看见儿子正在玩"王者荣耀"，就对他说："你玩什么呢？让我也来试试？"儿子说："你也要玩？"小琴说："是呀，怎么了，我不能玩吗？"儿子说："可以。"之后，小琴就在儿子的帮助下进入了游戏中。

刚进入没几秒，她就听到儿子不停地说："打野！""小心偷袭！"

等游戏术语，她都懵了，不知道儿子在说什么，结果，开局没多久就被秒杀，一旁的儿子不停地向她翻白眼。小琴就向儿子请教，渐渐地，她发现这款游戏也有自己的魅力。与儿子沟通之后，小琴才知道，儿子班里的同学几乎都玩"王者荣耀"，所以，她也理解孩子了。

　　为了防止孩子沉迷于游戏，小琴决定用孩子的表现积分来兑换游戏时间。小琴规定，儿子平时上课期间不可以玩游戏，周五可以玩1个小时，周六日可以玩2个小时，这是每周玩游戏的时间，当然，这些时间也会根据儿子的表现而有所变化，如果他周五没完成作业，就要减少周末玩游戏的时间。

　　除了培养儿子遵守规则外，妈妈也比较注重让他自己做选择。有一次，小琴对儿子说："这次期末考试，如果你有3科成绩都在85分以上，你可以自由安排寒假每天玩游戏的时间。"小琴认为，让他自己安排，也是让他做出选择，培养他合理安排好学习和娱乐的时间，让他明白，只有做好该做的事，才能选择想做的事。

　　期末考试成绩下来，他只有2科达到了85分，所以，他没有了选择权，就听从了妈妈每天规定玩游戏的时间安排。

　　其实，孩子喜欢玩游戏，是否沉迷其中，关键看家长，如果家长只是一味地责备孩子，还不如陪孩子一起玩，当然不玩的时候，还是要以身作则。如果家长不希望孩子沉迷于网络中，就要从小让孩子知道，什么该做，什么不该做，懂得尊重规则，明白什么是现实的，什么是虚幻的。只有孩子明白了这些，知道自己必须先做完分内的事，有空余的时间才可以玩游戏，那么，即使孩子长大了，有手机，有钱了，他也不会沉溺于游戏中，甚至为其乱花钱。

　　在生活中，很多家长没事就拿着手机，沉浸在手机中，当孩子想跟家长沟通时，却得不到父母的回应，那么，孩子渐渐地就不会跟家长沟通了，而是去游戏中获得掌控感和成就感。谁的装备强，组的战队厉害，就能体验到成功的感觉，这种感觉对孩子来说，有很强的诱惑力。

另外，进入青春期的孩子，他们想要一种归属感，想得到同伴的认可，这是青春期重要的心理发展过程。当很多人都在谈论一款游戏时，而自己不会玩，也不懂，这种压力以及渴望被同伴认同的心理就会驱使他去做这样的一个选择。

有时候，孩子常被人欺负，或有个很强势的家长，孩子在玩游戏时，就会将自己身边讨厌的人当成敌人，通过游戏，释放对家庭、学校的不满。当孩子开始沉迷游戏，家长就要反思自己，自己对孩子是否过于严厉，还是孩子学习中遇到了问题，然后再对症下药。

另外，网络游戏分很多种，家长必须要帮孩子去鉴别这些游戏，认识游戏背后的一些东西。孩子玩游戏，家长可以让孩子自己去制订规则，然后，自己来监督执行就可以。同时，家长需要告诉孩子，我们不反对你玩游戏，但你必须要制订一个规则，学会自我管理。

孩子沉迷网络，家长不能指责或放纵，应该理解和引导孩子。只有家长十分了解网络世界，才能把孩子从虚拟的世界中拉出来。孩子对网络上瘾，家长们大多认为是孩子的问题，其实，孩子的问题多半与家长有关，很多家长不承认自己对这个问题有责任，甚至这是解决孩子沉迷网络这个问题的关键。

儿子上五年级时，期末考试考了90多分，挺开心的。回到家，儿子就兴致勃勃地向爸爸妈妈汇报成绩，本以为爸爸妈妈会夸奖他，带他旅游。没想到，爸爸没有夸奖孩子，反而说："你们班有没有考100分的，考90分以上的有多少？"

儿子告诉爸爸："班里有6个考100分的，90分以上的有18个。"爸爸就说："这么说，你考得成绩也不高啊。"儿子这心彻底被伤害了，扭头就往自己的屋走，边走边嘟囔："我就知道，就算我考100分，你也不会满意的！"

儿子是一个很聪明的孩子，成绩不错，但上初中后，他就开始沉迷于网络，成绩不断下降，让爸爸妈妈十分头疼。

在生活中，有不少孩子沉迷于网络，大多是因为得不到欣赏和鼓励，就去网络上寻找心理安慰。要知道，在虚拟的世界里，孩子通过游戏，每过一关或升一级，孩子就能从中得到欣赏、肯定和奖励。即使孩子玩游戏失败了，孩子也可以重新来过。于是，孩子从游戏中得到了成就感，自信也提高了，自然会沉迷于网络。

学习好的孩子尚且控制不好自己，那些成绩不好的孩子由于学习比较吃力，赶不上老师的进度，压力越来越大，并且得不到家长的理解和鼓励，总受到老师和家长的责骂，他们只好选择网络，逃避到虚拟的世界中去。其实，他们只是渴望被他人肯定、欣赏，能够拥有成就感。

除了缺少肯定和鼓励的孩子外，那些没有课余生活的孩子也比较容易陷入网络。所以，家长多陪伴孩子，帮孩子找到一两个可以长期坚持的兴趣爱好或者体育运动，特别是对男孩来说，运动可以宣泄他们的精力，只要现实生活足够精彩，没有哪个孩子愿意沉迷在虚拟的网络中。

当然，生活中也有不少家长为了不让孩子烦自己，让自己有足够多的时间做事，他们往往就会将手机或电脑扔给孩子。不管孩子玩游戏，还是看动画片，只要能让孩子安静下来，他们就觉得目的达到了。其实，家长这种做法会有很大的隐患，有些不负责任。孩子小的时候不控制好他，反而给他玩游戏的机会，等他渐渐长大，自然会沉迷于网络，不可自拔，家长再想控制，恐怕就晚了。

通常，家长不玩游戏，孩子就很少接触到游戏，但如果家长本身也沉迷游戏，或者玩麻将等娱乐，家长做不到的事，却要求孩子，他自然不会听从家长的话。每个孩子都渴望被爱、被接纳、被肯定、被欣赏等，如果家长能够满足他们，他们就会健康快乐地成长，他们就不可能偏离轨道。

孩子沉迷网络，主要原因在于家长，所以，家长必须要改变对孩子的教育方式，建立一个温馨、和谐的家庭氛围，孩子才不会到网络中寻求安慰，慢慢地就会摆脱网瘾，回到现实生活当中。